KV-594-512

Almanag Éireannach

Imleabhar 2

WORN OUT
FROM STOCK

DIARMUID BREATHNACH

 AN GÚM

Baile Átha Cliath

An Chéad Chló
© Foras na Gaeilge, 2001

ISBN 1-85791-410-4

Gach ceart ar cosaint. Ní ceadmhach aon chuid den fhoilseachán
seo a atáirgeadh, a chur i gcomhad athfhála, ná a tharchur ar aon
mhodh ná slí, bíodh sin leictreonach, meicniúil, bunaithe ar
fhótachóipeáil, ar thaifeadadh nó eile gan cead a fháil roimh
ré ón bhfoilsitheoir.

Arna chlóchur ag Computertype Teo.

Arna chlóbhualadh in Éirinn ag Leabhair Dhaite Teo.

Clúdach: *Radharc ar Chill Mocheallóg* le John George Mulvany (1766–1838)
le caoinchead Ghailearaí Náisiúnta na hÉireann.

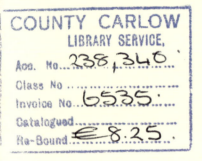

COUNTY CARLOW
LIBRARY SERVICE,
Acc. No. 238,340
Class No
Invoice No. 6535
Catalogued
Re-Bound €8.25

Le fáil ar an bpost uathu seo:
An Siopa Leabhar,   *nó*   An Ceathrú Póilí
6 Sráid Fhearchair,   Cultúrlann Mac Adam-Ó Fiaich,
Baile Átha Cliath 2.   216 Bóthar na bhFál,
ansiopaleabhar@eircom.net   Béal Feirste BT12 6AH
                                                diane@culturlann.org

Orduithe ó leabhardhíoltóirí chuig:
Áis
31 Sráid na bhFíníní
Baile Átha Cliath 2.
eolas@bnag.ie

An Gúm, 27 Sráid Fhreidric Thuaidh, Baile Átha Cliath 1.

*Gabhann an t-údar buíochas le
Michael Kelleher agus Máire Ní Mhurchú,
le RTÉ agus le Raidió na Gaeltachta.*

LEABHARLANN CHONTAE CEATHARLOCHA – LEABHARLANN

CLÁR

EANÁIR

1 *Ancient Ireland,* 1835. An chéad uimhir de sheachtanán Philib Bharúin, a raibh sé d'aidhm aige tús a chur arís le saothrú na Gaeilge. Bhí Pilib tuairim 33 bliana d'aois san am. Bhí taithí aige ar an iriseoireacht, agus é ina eagarthóir ar an *Waterford Chronicle* roimhe sin; is amhlaidh a cheannaigh sé an páipéar chun tacú le hiarrthóir Dhónaill Uí Chonaill sa cheantar. I bparóiste an tSráidbhaile i bPort Láirge a rugadh Pilib, agus ba iad Risteard Barún agus Máire Ní Aodha a thuismitheoirí. In 1835 freisin d'fhoilsigh sé priméar Gaeilge agus leabhar amhrán, *The Harp of Erin.* Cúig bliana roimhe sin bhunaigh sé coláiste i mBun Machan i bPort Láirge. Scoil dhátheangach a bhí ann, agus bhí sé i gceist go múinfí na hábhair trí Ghaeilge ann de réir a chéile. Níor tháinig amach ach cúig eagrán de *Ancient Ireland.* Bhí an Barúnach ábhairín ceanndána. Bhí tamall caite aige i gColáiste na Tríonóide ach níor fhan sé sách fada ann chun céim a fháil. Meastar gurbh eisean an Philip Barron a chuaigh i gcomhrac aonair leis an Leifteanant Charles Eyre ar 19 Meán Fómhair 1822. Ach cé a déarfadh nár cheannródaí misniúil é? Ní hionadh gur thug Art Ó Gríofa 'An Chéad Chonraitheoir' air. Bhí sé thíos go mór leis na gnóthaí sin go léir agus d'fhág sé Éire le cur faoi i bPáras. Síltear freisin go rabhthas ina dhiaidh as

damáistí a bhain le cás clúmhillte gan a bheith íoctha aige. Díoladh a eastát ar £7,650 ach is beag a bhí fágtha i ndiaidh na fiacha a ghlanadh. D'éag se i bPáras tuairim 1860.

2 Scoireadh an Dáil, 1933. San olltoghchán ar 24 Eanáir bhuaigh Fianna Fáil 77 suíochán, Cumann na nGaedheal 48, an páirtí láir a bhunaigh Frank McDermot agus James Dillon 11 suíochán, agus bhí 8 gcinn ag Páirtí an Lucht Oibre.

3 Crochadh an 'Tiarna Haw-Haw', 1946. Dhéanadh William Joyce bolscaireacht raidió thar ceann na Naitsithe agus is i ngeall ar thréas a crochadh é i bpríosún Wandsworth. Cé gur i Meiriceá a rugadh é agus gurbh Éireannach a athair, pas Briotanach a bhí aige. Sasanach ba ea a mháthair agus is i Sasana a bhí cónaí ar an teaghlach ó bhí sé 16 bliana d'aois.

4 Bunú Cheardchumann Iompair agus Ilsaothair na hÉireann, 1909. Bhain na baill go nuige sin le Ceardchumann Oibrithe Ginearálta na nDugaí ach lean siad Séamas Ó Lorcáin isteach sa chumann nua. Faoi 1911 bhí 5000 ball ann. Chuaigh cuid nach beag de na baill isteach i gCeardchumann Oibrithe 'na hÉireann, a bhunaigh an Lorcánach mar fhreasúra i 1924. Ní dhearnadh síocháin idir an dá chumann go dtí 1959. Chuaigh siad isteach le chéile i gceardchumann SIPTU (Services Industrial Professional Technical Union) 1 Eanáir 1990.

5 Bás Airt Mhic Cumhthaigh, 1773. Is iomaí rud in Ard Mhacha inniu, agus go deimhin i saol na hÉireann, a chuirfeadh a sháith iontais air. An t-údar áthais is mó a bheadh aige gur dhuine de Ghaeil chumhra a dhúiche féin, Tomás Ó Fiaich, a chuir a chuid filíochta in eagar. Agus dá gcloisfeadh sé gur bronnadh gradam cairdinéil ar an eagarthóir céanna! Tá sé sa seanchas gur cuireadh Art faoi choinnealbhá toisc gur phós sé Mary Lamb in eaglais Phrotastúnach. Deirtear freisin gur chuir sagart paróiste an Chreagáin an ruaig air nuair a scríobh sé aoir ar a dheirfiúr, Máire Chaoch. B'fhéidir gur mhí-iompar de chineál éigin a d'fhág gur chaith sé tamall ag obair mar gharraíodóir i mBinn Éadair. Is léir ón dán 'Ag Cuan Bhinn Éadair ar bhruach na hÉireann' go mbíodh sé ag brionglóideach faoin gCreagán agus ansin, ar chliseadh as a chodladh dó: *In áit a bheith ar thaobh cnoic i bhFeadh na féile / Mar a ndéanainn céilí is cónaí faoi aoibh, / 'Sé fuair mé an méid sin i nglasaibh daora, / Is Wully ag méidhligh mar leon i bhfíoch.* Ní gnách an tromólachán á shamhlú leis an ngarraíodóir staidéarach. Bhí cáil an óil ar Art agus b'fhéidir nach fada a chaith sé i mbun na ceirde sin. Nuair a d'fhill sé ar an gCreagán pósadh é féin agus Mary an athuair, san

Ard Mhacha

eaglais Chaitliceach an babhta seo. Ba é síoról na gcárt a thug a bhás, deirtear, nuair nach raibh aige ach tuairim 35 bliana d'aois. Ach fuair sé a mhian: *Má éagaim fán tSeanainn, i gcrích Mhanainn nó san Éiphte Mhór / Gurb ag Gaeil chumhra an Chreagáin a leagfar mé i gcré faoi fhód.*

6 Cuairt Uí Néill ar Eilís I i Londain, 1562. D'fhág Seán an Díomais Baile Átha Cliath ar 3 Nollaig agus shroich sé Londain ar 5 Eanáir. An rialtas a d'íoc an costas taistil. Rinne an pobal thall iontas den chuma agus den éadach a bhí air féin agus ar a chuid gallóglach. Ní raibh focal Béarla acu, agus tugadh meas barbarach orthu. Níor fhill Ó Néill ar Éirinn go dtí 26 Bealtaine. Idir dhá linn d'áitigh sé ar Eilís a chearta agus a theidil a aithint.

7 Ghlac Dáil Éireann leis an gConradh Angla-Éireannach, 1922. Ceithre Theachta is seasca a bhí ar a shon, agus 57 ina aghaidh. Cúpla lá ina dhiaidh sin d'éirigh de Valera as uachtaránacht na Dála agus toghadh Art Ó Gríofa ina áit.

8 Bás Ada Rehan, 1916. Tá cáil in Éirinn gan amhras ar an bhfidléir Junior Crehan. Duine den sloinne céanna é Tom Crean, an Ciarraíoch a chuaigh in éineacht leis an taiscéalaí Robert Scott chomh fada leis an Mol Theas. B'as Tír Chonaill do mhuintir Chroidheáin i dtús ama, ach chuaigh cuid acu go Sligeach agus as sin ó dheas go Gaillimh, go dtí an Clár agus go Ciarraí. B'as Luimneach don duine díobh is mó a thabhaigh clú, b'fhéidir, Ada Crehan. Nuair nach raibh sí ach cúig bliana d'aois thug a muintir an loch amach orthu féin. Níor fhan aon chuimhne aici ar a háit

dúchais agus d'fhéadfaí a rá gur i mBrooklyn a tógadh í. D'éirigh le cuid dá deirfiúracha dul ar an stáitse agus phós siad aisteoirí. Fear díobh sin a fuair a céad deis aisteoireachta di, in Philadelphia, nuair a bhí sí 13 bliana d'aois. 'Ada C. Rehan' a chuir an clódóir ar an bpóstaer. B'fhéidir gur shíl sí gur ghalánta an botún ná an ceart agus chloígh sí le Rehan. Páirteanna grinn is mó a bhíodh aici agus is beag aisteoir fir san am nár roinn an stáitse léi uair éigin. Ní gá ach an t-ainm is mó díobh, Edwin Booth, a lua. Nuair a bhí sí 19 mbliana d'aois, bhuail sí le hAugustin Daly, *impresario* mór na linne sin. Sórt Svengali aici ba ea é. Nuair a d'oscail seisean an amharclann a dtabharfaí Daly's air ar ball i gCearnóg Leicester i Londain, dhúbail ar cháil Ada. Mhol aisteoir mór na haimsire, Sir Henry Irving, go hard í, agus bhí de chlú air sin nár mhol sé aisteoir riamh! Ba í an pháirt ba mhó ar fad aici páirt Kate in *The Taming of the Shrew*. D'éirigh sí as an aisteoireacht nuair a bhí sí 46 bliana d'aois. Bhí an Dálach marbh faoin am sin agus nádúrthacht stíle tagtha san fhaisean. Ní raibh tarraingt na sluaite ar Ada níos mó.

9 Na chéad mhic léinn i gColáiste na Tríonóide, 1594. Abel Walsh ab ainm don chéad duine díobh ach is mó atá eolas ar an dara duine, James Ussher, a raibh sé i ndán dó a bheith ina ardeaspag ar Ard Mhacha lá ab fhaide anonn. Ní raibh aige ach 13 bliana agus é ag dul isteach sa choláiste an chéad lá úd.

10 Shroich an *Hougoumont* Fremantle na hAstráile, 1868. Príosúnlong ba ea í. Bhí 68 bhFínín ar bord agus ba í an long dheiridh dá leithéid í dár ghabh cuan sa tír sin.

11 Bás John Field, cumadóir, i Moscó, 1837. I mBaile Átha Cliath a rugadh é, 26 Iúil 1782. Orgánaí a sheanathair agus veidhleadóir a athair agus ba iad sin a mhúin an ceol dó.

12 Bás P.J. 'Nicaragua' Smyth, 1885. Ball de na hÉireannaigh Óga a bhí ann. Ach cad chuige an 'Nicaragua' úd? Ag obair mar iriseoir dó i Nua-Eabhrac lá, luigh a shúil ar litir ghairid ó Chonsal na Breataine chuig rúnaí Chomhlacht Chanáil Nicearagua á rá nach gceadófaí don chomhlacht canáil a thógáil trí thailte an rí Miskito, tharla na tailte sin a bheith faoi choimirce Impireacht na Breataine. Lig Smyth liú as láithreach: 'An Bhreatain ag gabháil máistreachta i Meiriceá Theas!' Is dá bharr sin a thosaigh an rialtas i Washington ag cur spéise sa tír úd atá ina luí go straitéiseach idir an tAigéan Ciúin agus Muir Chairib.

13 Céadléiriú *Deirdre of the Sorrows*, 1910. Deirdre, 'an réaltan rug barra scéimhe ó mhná na hÉireann'. Ach duine tubaisteach í freisin. An lá a

rugadh í rinneadh fáistine go mbeadh éad mar gheall uirthi. Sin é an fáth, is dóigh, ar chuir an oiread sin scríbhneoirí spéis inti, mar a rinne Ferguson, Russell, Yeats, Synge, Stephens, Gregory. Fuair an tAthair Tomás Ó Ceallaigh duais Oireachtais ar dhráma ina taobh. Tá cúlra dhráma Synge an-inspéise. Thug sé leis go hÁrainn leagan den scéal a bunaíodh ar lámhscríbhinn a rinne Aindrias Mac Cruitín i gCorcamrua. Bhí Synge ag fáil bháis san am a bhí sé ag gabháil don dráma. B'fhéidir gurbh é a ghrá don aisteoir Molly Allgood a thug air tabhairt faoi an chéad lá. Is mar Mháire O'Neill is fearr aithne uirthise. Bhí sí 15 bliana níos óige ná é. Thagadh babhta éada ar Synge aon uair a shílfeadh sé a chaoch sí súil ar fhear eile. Bhí sin an-chosúil le cás Chonchúir mhic Neasa agus Dheirdre. Nach mar gheall ar éad Chonchúir a maraíodh Clann Uisnigh, agus beirt mhac Fhearghuis mhic Róigh, agus timpeall 500 de laochra na Craobhruaidhe? Níor léiríodh dráma Synge go dtí i ndiaidh a bháis. Máire O'Neill í féin a bhí i bpáirt Dheirdre, mar ba chuí.

14 Lemass agus O'Neill a chasadh le chéile, 1965. A luaithe a toghadh Terence O'Neill ina phríomh-aire ar Thuaisceart Éireann dúirt an Taoiseach Seán Lemass go mbeadh sé sásta bualadh leis agus na fadhbanna a bhí ag déanamh imní dóibh beirt a phlé. I rith bliain agus trí ráithe ina dhiaidh sin bhí Whitaker, rúnaí na Roinne Airgeadais, ag comhrá le Malley, rúnaí príobháideach Uí Néill. I mBaile Átha Cliath lá d'fhiafraigh Malley de Whitaker an dtiocfadh Lemass go Stormont. Chuir Whitaker amach é ag breathnú na bpictiúr sa Dánlann Náisiúnta fad a bhí sé féin ag caint le Lemass. Chuaigh Lemass i ndáil chomhairle le Proinsias Mac Aogáin, an tAire Gnóthaí Eachtracha. Thosaigh Mac Aogáin ag cur is ag cúiteamh, ach bhí a intinn socair ag Lemass. D'fhéadfadh sé gurb é O'Neill is mó a bhí thíos leis an gcruinniú cinniúnach úd: bhí go leor dá pháirtí agus b'fhearr leo an *status quo*.

15 Leictriú an tSeanbhaile, 1947. Ó tháinig Bord Soláthair an Leictreachais ar an saol bhíothas ag caint ar 'aibhléisiú' na tuaithe. Le breis is leathchéad bliain bhí soilse leictreacha sna cathracha. Ní solas amháin a bhí i gceist, ar ndóigh, ach cumhacht. Gan cumhacht leictreach níorbh fhiú a bheith ag caint ar jabanna. Gan cumhacht níorbh fhéidir, mar shampla, uisce a chur ar fáil i bhformhór na n-uachtarlann. Roghnaigh BSL an Seanbhaile i dtuaisceart Cho. Bhaile Átha Cliath. Ba é an chéad sráidbhaile é ar chuir siad an leictreachas ann. In áit an ócáid mhór a chur ar bun i lár an tsamhraidh ba é an 15 Eanáir a roghnaigh siad. Mar ba dheonach, oíche fheanntach ghaofar a bhí ann. Chruinnigh pobal an tSeanbhaile isteach i halla an pharóiste. Thuas ar an ardán bhí innealtóirí BSL, an sagart paróiste agus uaisle eile. Shíl an slua, b'fhéidir, go rabhthas ag leanúint

rófhada den óráidíocht. Ach bhí duine de na hinnealtóirí nár mhiste leis go mbainfí síneadh as an ócáid. B'eol dó go raibh fabht sa líne de dheasca na drochaimsire. Míle ón halla bhí criú ar a ndícheall ag deisiú na líne. Bhí an preas sa láthair agus ba mhór an chéim síos don tír é mura dtarlódh dada nuair a tharraingeofaí an scuchaire mór anuas. Bhí a shúil i rith an ama ar ghramafón a bhí os a chomhair amach. A luaithe a d'fheicfeadh sé an caschlár ag dul timpeall bheadh leo. Ansin tháinig a sheal féin chun óráid a thabhairt. Agus é ag teacht chun críche bhí allas leis le himní. Ach ansin, mar a bheadh míorúilt ann, dar leis, chonaic sé an caschlár ag oibriú leis go ciúin. Tarraingíodh an scuchaire agus las na soilse timpeall an bhaile bhig. Bheadh sé tríocha bliain eile sula mbeadh deireadh leis an bhfíordhorchadas sna sráidbhailte agus go deimhin ar fud na tuaithe.

16 Lá breithe Frances Browne, 1816. Ní raibh inti ach naíonán nuair a chaill sí radharc na súl de dheasca na bolgaí. Bhí a hathair ina mháistir poist i Srath an Urláir i gCo. Dhún na nGall agus bhí scoil den scoth sa bhaile sin. I measc chomhscoláirí Frances bhí Isaac Butt, an fear a chuirfeadh tús le gluaiseacht an Fhéinrialtais ar ball, agus Liam Mac Airt a bheadh ina ardmhéara ar Londain. Bhíodh Frances ag éisteacht go haireach leis na gasúir eile ag cur a gceachtanna de ghlanmheabhair agus thosaigh ag cur spéise go háirithe sna giotaí litríochta. Ba ghairid gur thosaigh sí ag cumadh. Scríobhadh duine dá deirfiúracha a hiarrachtaí síos uaithi. Gan fhios di chuir cara léi ceann díobh chuig an *Northern Whig*. Níor shos di feasta ach ag breacadh aistí, léirmheasanna, gearrscéalta, úrscéalta, litreacha. Inniu féin tá amhrán dá déantús, 'Songs of our Land', le fáil i nduanairí. Scríobh sí dán i dtaobh shléibhte na hÉireann a thaitin go mór le lucht a linne. Duine de na sean-Éireannaigh Aontaithe a d'fhill abhaile fiafraíodh de cad chuige ar fhill sé nuair a bhí a sheanchairde go léir ar lár. D'fhreagair sé gur ghabh fonn é sléibhte na hÉireann a fheiceáil arís tar éis dó dán Frances a léamh. Scéal truamhéalach é sin sa mhéid nach bhfaca sí féin na sléibhte úd riamh. Thug Sir Robert Peel pinsean £100 sa bhliain di, airgead maith an uair sin. A scéal i dtaobh chathaoir na seanmháthar an t-aon chuid dá scríbhneoireacht a bhfuil cuimhne inniu air, ar an ábhar gur bhunaigh an scríbhneoir cáiliúil Frances Hodgson Burnett scéal air agus an teideal céanna air.

17 Bás Joseph Haydn, 1856. Ní raibh cóngas ná gaol aige leis an Friedrich Haydn a mhúin ceol do Mhozart agus do Bheethoven! B'as Luimneach do Joseph. Le hiriseoireacht a chaith sé a shaol ach bhain sé cáil amach lena leabhar mór *A Dictionary of Dates*, 1841.

18 Lá breithe Bhreandáin Uí Eithir, 1930. Iriseoir, craoltóir agus úrscéalaí ba ea an tÁrannach cáiliúil seo, a d'éag 26 Deireadh Fómhair 1990. Scríobh sé 11 leabhar, agus ó 1949 amach na céadta aistí, idir cholúin, léirmheasanna, agus eile.

19 Caingean na hollscoile, 1909. D'fháiltigh Coiste Seasta na nEaspag Caitliceach roimh an iarracht ar an nGaeilge a athbheochan ach chuir siad in aghaidh í a bheith riachtanach le haghaidh mháithreánach Ollscoil na hÉireann ar an ábhar go raibh eagla orthu gur chuig Coláiste na Tríonóide a rachadh na Caitlicigh úd a bhí aineolach uirthi.

20 Bás Alexander Nimmo i mBaile Átha Cliath, 1832. Bhain tábhacht le máistrí scoile fadó i réimsí den saol seachas an t-oideachas. Bhíodh eolas acu ar an triantánacht agus é ar chumas cuid acu suirbhéireacht talún a dhéanamh. Bhí Nimmo in ann cabhair a thabhairt nuair a bhíothas ag leagan amach theorainneacha chontaetha na hAlban. Ina dhiaidh sin fuair sé obair faoin gcoimisiún a bunaíodh le portaigh na hÉireann a thabhairt chun míntíreachais. D'fhág sé go leor mapaí agus tuarascálacha ina dhiaidh. As go brách leis ansin ag taisteal na Mór-Roinne féachaint cad iad na feabhsuithe agus an dul chun cinn a bhí déanta ag innealtóirí ansin. Ar theacht ar ais go hÉirinn dó rinne sé suirbhé ar chalafoirt uile na tíre. Chomh maith le dugaí Luimnigh agus le droichead trasna na Sionainne thóg sé tríocha cuan agus cé. Tharraing sé cairt de na cóstaí, agus chuir treoracha loingseoireachta do Mhuir Éireann ar fáil. Ar ais leis go Connachta ansin chun £200,000 d'airgead an rialtais a chaitheamh ag iarraidh drochthalamh a chur á shaothrú. Fear ildánach ba ea an tAlbanach seo agus scil aige i dteangacha, sa réalteolaíocht, sa gheolaíocht agus sa cheimic.

21 Sulchóid Bheag, 1919. Bhí an chéad Dáil ar siúl an lá céanna. Más fíor don bhailéad ba é marú na gconstáblaí sa chairéal i Sulchóid Bheag an chéad chomhrac i gCogadh na Saoirse ('At Soloheadbeg the war began...').

22 Shínigh Seán Ó Loingsigh, Taoiseach, Conradh na Róimhe, 1972. Bhí reifreann ann 10 Bealtaine dár gcionn agus vótáil 1,041,890 ar son dul isteach i gComhphobal na hEorpa, agus bhí 211,891 ina aghaidh.

23 Osclaíodh Ospidéal Naomh Uinseann, an chéad ospidéal in Éirinn nó sa Bhreatain a bhí á stiúradh go huile ag mná, 1834.

24 Bás an Athar Micheál Ó Miacháin, 1878. Is iomaí radharc agus iontas atá le feiceáil i gCorca Baiscinn in iarthar an Chláir. Ní hé an rud is lú a gcuirtear spéis ann an foirgneamh a dtugtar Áirc Bheag Chill Bheathach

air: both agus fuinneoga inti, í seacht dtroithe ar airde. Tá sí le feiceáil i séipéal Mhóinín, tuairim trí mhíle ó Chill Bheathach. Is é an scéal stairiúil a bhaineann léi, agus ní hé an chuma atá uirthi, a tharraingíonn aird an turasóra. Bhí gníomhaire talún san áit darbh ainm Marcas Ó Catháin. Ní hamháin go gcuireadh sé daoine as seilbh i rith an drochshaoil ach ní raibh sé sásta go mbeadh deis ag daoine a gcreideamh a chleachtadh. Bhíothas tar éis teach a chóiriú le haghaidh Aifreann an Domhnaigh ach ruaig sé an sagart amach as, sa bhliain 1852. Ach ní le gnáthshagart a bhí an tíoránach seo ag déileáil ach le Micheál Ó Miacháin. Ba é an sórt é, dá mbeadh sé beo inniu, gur i stáisiún uaigneach misin san Afraic a bheadh sé, ag stoitheadh fiacla, b'fhéidir, sin nó ag teagasc talmhaíochta sa Bhrasaíl. Bhain sé triail as seifteanna éagsúla chun teacht timpeall ar fhadhb seo an Aifrinn sular iarr sé ar shiúinéir i gCarraig an Chabhaltaigh an bhoth a thógáil. Thugtaí síos ar rothaí í go dtí an chuid sin den chladach idir uachtar is íochtar láin. Talamh é sin nár le haon duine é. Gach Domhnach agus lá saoire ar feadh cúig bliana thugtaí an altóir seo ar rothaí síos go dtí an trá agus ba ghairid go raibh clú is cáil ar 'Áirc Bheag Chill Bheathach'.

25 Lá breithe Edmund Campion, 1540. Is beag a bhí ar eolas ag an scríbhneoir Sasanach seo i dtaobh na nGael. Ach bhí sé d'éadan air paimfléad a scríobh orthu. Chuir sé síos ann gach a raibh cloiste aige óna chara Richard Stanihurst. D'inis sé scéal a thaispeánfadh, dar leis, go raibh ár sinsir an-róchreidmheach: d'éirigh idir Naomh Peadar agus Naomh Pádraig sna flaithis lá toisc Pádraig a bheith ag iarraidh gallóglach Gaelach a ligean isteach. Bhuail Peadar Pádraig sa cheann le heochair na bhflaitheas gur bhris a bhaithis. Má b'fhíor do Champion, is easpag ainmhianach a d'inis an scéal sin, fear a bhí inniúil ar gach rud dá áiféisí a chur siar ar a phobal. De bharr an scéil sin fuair sé cothú uathu, dúirt Campion. Chuir an méid sin cuthach feirge ar an staraí Seathrún Céitinn. Fuarscéal fabhail a bhí ann. 'Mo fhreagra air sin anseo gur cosúla é le cluicheoir a bheadh ag reic scéil sgigiúil ar scafall ná le staraí. Óir conas ab fhéidir go gcreidfeadh Críostaí ar bith in Éirinn go mbrisfí baithis Phádraig agus é iar bhfáil báis tuilleadh is míle bliain ó shin; agus fós nuair a bhí gach duine dearfa de gurbh eochair údaráis a bhí ag Peadar agus nach eochair iarainn lena mbrisfí baithis ar bith'. San am a bhí sé á scríobh sin in *Foras Feasa ar Éirinn*, sagart ar a choimeád a bhí i gCéitinn. Dhealródh sé nach raibh a fhios aige gur sagart ar a choimeád freisin ba ea Campion a céasadh agus a cuireadh chun báis mar gheall ar a chreideamh. Gan amhras bhí an ceart ag Céitinn. Ní stair a bhí an Sasanach a scríobh ach síolchur agus bolscaireacht d'fhonn a thaispeáint gur ghéar a bhí scoileanna gramadaí agus ollscoil féin a dhíth ar Éirinn. Is chuige sin a tugadh go hÉirinn é, agus bhí sé i gceist go mbeadh post ard aige san ollscoil nua.

26 Ceapadh Helen Cooke ina fomháistreás poist i mBealach Conglais, 1951. Chuir nuachtáin an domhain spéis sa choimhlint chun gurbh aici a bheadh an post sin. Bhí aint léi sa phost roimhe sin agus ba é an nós riamh gaol gairid a cheapadh. Ach ní raibh neacht gairid go leor, is cosúil. Ceapadh fear óg singil darbh ainm Micheál Ó Fearaíl, a raibh teach tábhairne, talamh agus gnó ginearálta ag a mhuintir. Ní raibh ag muintir Cooke ach an phostoifig. Bhí argóintí láidre ar an dá thaobh. Bhí taithí ar an obair ag Helen, agus bhí páirt aici i gCogadh na Saoirse. Ach bhí Micheál ina bhall den FCA. Cuireadh i leith an Aire Poist, Jim Everett ó Pháirtí an Lucht Oibre, gur cheap sé Micheál mar go raibh a athair ina bhall den pháirtí sin tráth. Ach bhí sé le maíomh ag an Aire go raibh iarratais aige ó cheathrar Teachtaí Dála de chuid Fhianna Fáil ag moladh gurb é an Fearaíleach óg a cheapfaí. Cé gur Chaitlicigh iad Helen agus Micheál araon tarraingíodh Cromail agus cúrsaí creidimh isteach sa scéal. Dúradh agus rinneadh rudaí suaracha. Sa deireadh, thug Micheál deis don Rialtas éalú as an gcoimhlint éadairbheach seo. D'éirigh sé as an bpost agus tugadh do Helen é. I measc lucht tacaíochta Helen bhí iarghinearál de chuid Arm na Breataine darbh ainm Dennis. Ba leis an talamh ar a raibh teach gnó na bhFearaíleach. Bhíothas ag rá san am go mbeadh cúis mhaith dlí aige in aghaidh na bhFearaíleach dá gcaillfidís an ceadúnas dí. Agus bhí an baol sin ann toisc nár cheadmhach teach tábhairne a úsáid mar phostoifig. Samhlaíodh don phobal gurbh amhlaidh a buaileadh buille ar an gcomhrialtas. Síleadh gurbh é an chéad tairne sa chónra acu é. Cogadh na sifíní a thabharfaí inniu ar chath Bhealach Conglais. Ach nach minic a deirtear gur raic áitiúil a tharraing Cogadh na Traí!

27 Chuaigh an Príosún Francach i gCionn tSáile trí thine, 1747. Príosúnaigh chogaidh ar fad a bhí ann an oíche stoirmiúil úd. Nuair a rinneadh comhaireamh an lá dár gcionn frítheadh go raibh 54 phríosúnach ar iarraidh, agus glacadh leis gur cailleadh iad sa dóiteán. Bhí 25 eile a bhí dóite go dona nó a raibh a gcosa briste. Níor dhada an dóiteán le hais an anró a d'fhulaingíodh na príosúnaigh go laethúil. Bhí na séiléirí cam, agus bhí an bia chomh bréan nárbh fhéidir a thabhairt a fhad le do bhéal. Thug Tiarna Inse Choinn cuairt ar an áit agus scríobh chuig Fear Ionaid an Rí go raibh bás den anró faighte ag na céadta.

28 Bás Helena Moloney, 1967. Bhí sí ina rúnaí ag Inghinidhe na hÉireann. Bhunaigh sí an iris *Bean na hÉireann* agus ba í an chéad bhean Éireannach dá glúin féin í a cuireadh sa phríosún i ngeall ar pholaitíocht. Bhí baint aici le gluaiseacht na mban agus le gluaiseacht an lucht saothair agus bhí sí ina ball d'fhoireann Amharclann na Mainistreach agus ar dhuine den bheagán aisteoirí gairmiúla a ghlac páirt in Éirí Amach na Cásca.

29 Cloch bhoinn na Dánlainne Náisiúnta, 1859. Tá dealbh den innealtóir William Dargan ina seasamh os comhair na Dánlainne amach. Is le hómós buan dó a tógadh an foirgneamh seo an chéad lá. Bhí sé i gceist fiú 'Institiúid an Deargánaigh' a thabhairt air. Bhí an fear féin ina bheatha an uair sin, agus é le háireamh gan aon agó ar laochra móra an 19ú céad. Thóg sé 1000 míle de bhóithre iarainn in Éirinn, mar a mheastar. Ach ba liosta le lua na héachtaí a rinne sé. Deirtear gurbh é ba thúisce a chuir biatas siúcra ag fás anseo. Bhí baint mhór aige le taispeántas tionsclaíoch na bliana 1853. Cuid shuaithinseach den taispeántas sin ba ea an bailiúchán mór de phictiúir cháiliúla nach bhfacthas a leithéid riamh cheana in Éirinn. Fuarthas breis is míle saothar ealaíne ar iasacht ó dhaoine saibhre. Ach ní dócha go bhfaighfí iad murach go ndeachaigh an Deargánach i mbannaí £19,000 orthu, suim ab ionann is dhá mhilliún punt inniu. Ba é an taispeántas sin a spreag daoine le dánlann a bhunú. £30,000 a chosain sé an foirgneamh a thógáil agus a fheistiú, agus istigh leis sin bhí airgead a bailíodh i gcomaoin na maitheasaí móra a rinne Dargan ar an tír.

Fear difriúil ar fad ba ea an dara duine a bhfuil dealbh de le feiceáil taobh amuigh den Dánlann, George Bernard Shaw. Ní raibh sé ach ocht mbliana d'aois nuair a osclaíodh an Dánlann. Thugadh sé cuairt chomh minic sin uirthi gur chuid bhunúsach dá oideachas í, dar leis. Ní hionadh mar sin gur fhág sé trian dá eastát le huacht ag an Dánlann chéanna. Ach ba bheag le maíomh an oidhreacht sin murach go ndearnadh scannán (*My Fair Lady*) den dráma *Pygmalion*. Gan amhras bheadh rud barrúil le rá ag Shaw faoi Hollywood a bheith ag cabhrú leis na healaíona in Éirinn.

30 Lá breithe Cháit Uí Shé, 1846. Tá amhrán ón gClár fúithi i gcló ag Marion Gunn in *A Chomharsain Éistigí* (1984) a léiríonn gur uirthi sin a chuir cuid den ghnáthphobal an milleán nuair a thit Parnell. Deirtear ann gur chruinnigh sé airgead ar fud na hÉireann. *Bhronn sé an saibhreas ar Cháit Ní Shé / Ar aon fháisceadh amháin is é a fháil ó chroí; / Nach mór an carthanas a dhein Mac Dé orainn, / Nuair a d'fhág sé traochta é faoin bhfód ina luí.*

31 An traein dheireanach go hiarthar an Chláir, 1961. Parnell, Cáit agus an Clár arís! 'Katie Mack' a thugtaí ar an iarnród agus ba é Parnell a d'oscail é go hoifigiúil an 26 Eanáir 1885. Sé bliana is seachtó ina dhiaidh sin bhí CIÉ ag cailleadh £23,000 sa bhliain leis. Bhíothas á thuar le fada riamh go ndúnfaí é, ach níor mhaolaigh sin ar chumha mhuintir an Chláir nuair a tháinig an t-am. Níl aon chontae in Éirinn chomh dlúite céanna le hiarnród in aigne an phobail, a bhuí le 'Are you right there, Michael?', amhrán Percy French. Luaitear cuid mhaith de stáisiúin na líne ann: Inis, Cill Chaoi, an Leacht, Inis Díomáin, Cora Finne, Cill Rois.... In 1897 bhí an Frinseach

féin ar an traein go Cill Chaoi chun ceolchoirm a thabhairt. Ní trua go fear poncúil ina phríosúnach ar thraein mhíphoncúil. Sórt díoltais ar an iarnród ba ea an t-amhrán a chum sé. Is fíor go raibh droch-cháil ar an líne. Fáth amháin leis an míphoncúlacht nach raibh na hinnill sách cumhachtach. Gaeltacht láidir go maith ba ea iarthar an Chláir in 1892 nuair a shroich an líne Cill Chaoi. Roimh dheireadh an chéid bhí na mílte ball de Chonradh na Gaeilge ar thóir na teanga, agus scríobh duine díobh ar *An Claidheamh Soluis* nár thóg sé ach sé huaire an chloig dul ó Bhaile Átha Cliath go hInis agus ocht n-uaire go leith le Cill Chaoi a bhaint amach ina dhiaidh sin ar iarnród an Chláir. Ar an taobh eile den scéal, sórt taiscéalaí ba ea gach turasóir san am sin agus ba nuacht aige gach radharc agus gach eachtra, agus an mhoilleadóireacht féin.

FEABHRA

1 An chéad eagrán den *Cork Idler*, 1715. Ba é seo an chéad ghnáthpháipéar in Éirinn taobh amuigh de Bhaile Átha Cliath. Deir staraí na nuachtán, Hugh Oram, gurbh é an chéad cheann riamh in Éirinn an *Irish Monthly Mercury* a chuir arm Chromail amach i gCorcaigh cúpla babhta sna blianta 1649-50. Ansin sa bhliain 1663 foilsíodh i mBaile Átha Cliath an *Mercurius Hibernicus or the Irish Intelligencer*.

2 Bás John L.Sullivan, 1918. Ar 15 Deireadh Fómhair 1858 a rugadh an dornálaí Gael-Mheiriceánach seo. Bhain sé craobh Mheiriceá ar 7 Feabhra 1882 nuair a bhuaigh sé ar an Éireannach Paddy Ryan. Ba é seaimpín Mheiriceá é go dtí gur chuir sé na miotóga air chun troid lena chomh-Ghael, James Corbett, an 7 Meán Fómhair 1892. Le doirne nochta a throideadh sé go nuige sin.

3 Ceapadh Maolmhuire Mac Craith ina ardeaspag ar Chaiseal, 1571. *A Mhaoil gan Mhuire ná bí borb / Ná labhair le Muire go garg; / Feoil Charghais is bean ag bord / Olc an t-ord ag easpag ard.* Eoghan Ó Dufaigh, Proinsiasach, a labhair mar sin i dtaobh an iar-Phroinsiasaigh, Maolmhuire Mac Craith. Is cinnte go n-itheadh Maolmhuire feoil ar an Aoine agus gur phós sé. Ach

Caiseal, Co. Thiobraid Árann

bhí an file ag dul thar fóir nuair a thug sé le tuiscint go labhraíodh an t-easpag go garg le Muire. An locht is mó a bhí air gur go tláith a labhraíodh sé le gach duine. Sa mhéid nach raibh aon phrionsabal aige ach a leas féin agus leas a chlainne, ní raibh sé ó nádúr ann a bheith biogóideach. Insítear go hapacrafúil ina thaobh gur theagmhaigh sé lá le créatúr bocht a bhí ag fáil bháis ar thaobh an bhóthair gur fhiafraigh de cé acu Caitliceach nó Protastúnach é; bhí sé sásta an lón anama cuí a thabhairt dó. Nó lena rá ar bhealach eile, bhí drochmheas ag Caitlicigh agus ag Protastúnaigh araon air. Scríobh an Proinsiasach Odhrán Ó Duáin leabhar dar teideal *Rógaire Easpaig* ina thaobh. *Archbishop Magrath, the Scoundrel of Cashel* an teideal a roghnaigh Robert Wyse Jackson, ball de Eaglais na hÉireann a bhí tráth ina easpag ar Luimneach. Is léir gur bhithiúnach é, ach bithiúnach taitneamhach – é plámásach, aclaí, dathúil. Thaitin sé leis an bPápa a cheap ina easpag ar an Dún agus Coinnire é. Thaitin sé go háirithe le hEilís I a thug ardeaspagóideacht Chaisil dó. Ní raibh meas air mar riarthóir: ba chosúil le cró muice í Ardeaglais Chaisil. Maidir lena cháilíochtaí mar aoire, deirtí nárbh eol dá phobal Dia a bheith ann fiú. Ach mhair sé go raibh sé 100 bliain d'aois. Bhí sé 50 bliain ina ardeaspag. Bhí fonn air sna blianta deiridh, más fíor, iompú ar ais ina Chaitliceach. Árachas anama ar eagla na heagla?

4 Rugadh an Chuntaois Markiewicz, 1868. Go 21 Samhain 1918 ní raibh cead ag bean a bheith ina feisire parlaiminte in Westminster. In olltoghchán 1918 toghadh an Chuntaois, an chéad bhean a toghadh riamh. Ach bhí sí i bpríosún Holloway san am agus níor fhéad sí a bheith i láthair sa Dáil ar 21 Eanáir 1919. Toghadh í i gceithre olltoghchán ina dhiaidh sin. I

Meitheamh 1927 a bhí an ceann deiridh díobh ann, ach faoin am a raibh a páirtí, Fianna Fáil, sásta dul isteach sa Dáil, ar 11 Lúnasa, bhí an Chuntaois faoin bhfód.

5 Fothoghchán i dtuaisceart Ros Comáin, 1917. Um Nollaig 1916 a tharla an folúntas. Ba é an chéad seans é ag dreamanna mar Shinn Féin, Óglaigh na hÉireann, agus Bráithreachas na Poblachta meon polaitiúil na ndaoine a thástáil. Mar ba thráthúil, timpeall an ama chéanna a scaoileadh cuid mhór de lucht an Éirí Amach as an bpríosún. D'éirigh leis na frith-Réamonnaigh iarrthóir den scoth a aimsiú, an Cunta George Plunkett. Ba é athair Joseph Mary Plunkett é. Bhí sé ina Stiúrthóir ar Ard-Mhúsaem na hÉireann ar feadh tréimhse anuas go 1916, ina uachtarán ar Chumann Buanchoimeádta na Gaeilge, ina uachtarán ar Chumann Seandálaithe na hÉireann agus ina leasuachtarán ar Acadamh Ríoga na hÉireann. Bhí leabhair scríofa aige ar chúrsaí ealaíne. Bhí a theideal aige ón bPápa féin. Ach bhí sócmhainn aige ab fhearr go mór ná iad sin, mar a bhí buíon chúntóirí den scoth agus go háirithe an tAthair Micheál Ó Flannagáin. Bhí seisean ar na hóráidithe ba chumhachtaí dá raibh in Éirinn. Agus ba de bhunadh na háite é. Tá sé ráite gur sheas daoine sa sneachta ag éisteacht leis ag óráidíocht i Ros Comáin. Ach dá fheannaidí an aimsir vótáil na daoine. Fuair an Cunta 3022 vóta, bhí 1708 ag iarrthóir an Réamonnaigh, Tomás Ó Dubháin, agus 687 ag an iriseoir Jaspar Tully. Ar ndóigh, ní raibh an vóta ach ag fíorbheagán daoine go fóill. Faoi olltoghchán Nollaig 1918 bhí sé ag tuairim dhá mhilliún Éireannach le hais an 700,000 a raibh vóta acu in olltoghchán 1910. Díol spéise a laghad tacaíocht a tugadh do Jaspar Tully: bhí sé ar an dream ba mhó a chaith anuas ar cheannairí 1916, á rá nach raibh iontu ach scata d'fhilí buile. Lean vótóirí an Longfoirt Theas, an Chláir Thoir agus Chathair Chill Chainnigh sampla Ros Comáin sna fothoghcháin eile an bhliain chéanna sin.

6 Cailleadh Sam Maguire, 1927. Ar na Mealla Breaca trí mhíle taobh thuaidh de Dhún Mánmhaí a rugadh é. Fuair sé post sa státseirbhís i Londain agus d'imir ar fhoireann Londan i gcraobhchluichí peile na hÉireann ó 1901 go 1903. Bhí sé ina Stiúrthóir Faisnéise sa Bhreatain i rith Chogadh na Saoirse. Aistríodh go Baile Átha Cliath é i 1922 ach ní raibh a pholaitíocht ag réiteach le húdaráis na linne sin agus b'éigean dó éirí as a phost. Chomh maith leis an gcorn peile tá páirc Chumann Lúthchleas Gael i nDún Mánmhaí ainmnithe as.

7 Crochadh Peter Barnes agus James McCormack, 1940. Mharaigh buama cúigear agus ghortaigh trí scór go leith i gceartlár Coventry ar 2.30 iarnóin an 25 Lúnasa 1939. Ball den IRA ba ea McCormack ach mhaígh sé

gur ar 2.30 ar maidin a bhí an pléascadh le tarlú, nach raibh sé i gceist go marófaí aon duine. Phléideáil Barnes neamhchiontach.

8 Céadléiriú *The Plough and the Stars*, 1926. Bhí an dialannaí amharclainne Joseph Holloway ar an gcéad léiriú seo gach oíche ar feadh míosa. Aon duine mór le rá sa lucht féachana d'éist sé lena thuairim. Ní mór a rá nach dtaitníodh leis féin aon fhocal gáirsiúil a chloisteáil ón stáitse ná go ndéanfaí cur síos mion réalaíoch ar shuarachas an tsaoil. Shíl an tAire Caoimhín Ó hUiginn, an t-úrscéalaí Brinsley McNamara agus an cinsire scannán Jimmy Montgomery go ndeachaigh Seán O'Casey thar fóir leis an réalachas. Ba é ba mhó a bhí ag déanamh tinnis do Hannah Sheehy Skeffington, Dan Breen, Maud Gonne agus Madame Despard gur mhasla d'fhir 1916 an bhratach náisiúnta a thabhairt isteach i dteach tábhairne agus fiú a thabhairt le tuiscint go n-óladh Óglaigh na hÉireann deoch mheisciúil agus iad in éide chatha. Dar le Holloway nár theastaigh ó na daoine seo go mbeadh cáil na cinsireachta orthu agus gur shíl siad nár cheart do Yeats fórsaí an dlí a tharraingt isteach sa scéal. Cead cainte a bhí uathu. Ceann de na clocha ba mhó ar a bpaidrín nár cheart d'amharclann a raibh deontas stáit aici dráma frithnáisiúnta a léiriú. Beart cinsireachta a bheadh sa mhéid sin, ar ndóigh. Bhí an t-aisteoir cáiliúil F.J. McCormick ag iarraidh a bheith neodrach, á rá nár cheart aon locht a chur ar na haisteoirí. Ach ina meascsan a bhí ag tacú leis an drámadóir bhí an t-aisteoir Arthur Shields, fear a throid san Éirí Amach. Thug a dhearthair Barry Fitzgerald paltóg d'fhear de na léirseoirí gur chuir siar i log na ceolfhoirne é. Bhí an ruaille buaille seo go léir ar na cúiseanna ar fhág an Cathasach an tír.

9 Bás Mhánais Uí Dhónaill, 1563. Scríobh an taoiseach seo *Betha Colaim Chille* sa bhliain 1532. Is beag seanleabhar eile chomh soléite leis inniu. Is cosúil gur thug Ó Dónaill scata scoláirí le chéile i Leifear chun ábhar a chuardach agus a roghnú agus gurbh é féin an príomheagarthóir. '*Bíodh a fhios ag lucht léite na beatha seo gurb é Maghnas ... do fhoráil an chuid a bhí i Laidin den bheatha seo a chur i nGaeilge, agus a fhoráil an chuid a bhí go crua i nGaeilge a chur i mboige ionas go mbeidh sí solus sothuisceana do chách uile*', a scríobh sé sa réamhrá. Nó gur tháinig Maghnas ar an bhfód, agus go deimhin ina dhiaidh, ba dheacair do na fir léinn foirmeacha ársa na teanga a sheachaint. Ba é Ó Dónaill a dheachtaigh an leabhar as a bhéal féin. Oscailt súl, ní foláir, ba ea an litriú lena linn agus fiú i 1918, nuair a cuireadh an leabhar i gcló den chéad uair, i Meiriceá. Ní dócha gur le teann cráifeachta a chuir Mánas an bheatha seo á scríobh. Ag moladh a chine féin a bhí sé; ba den sliocht céanna Mánas agus an naomh. Bhí Mánas ar na taoisigh a ghlac le réimeas Anraí VIII, duine den 'slua míthreorach meata', a ndearna an file fonóid fúthu sa dán 'Fubún fúibh, a shlua Gael'.

10 D'éag William Howard Russell, 1907. B'as Tamhlacht i mBaile Átha Cliath dó agus deirtear gurbh é an chéad chomhfhreagraí nua-aimseartha cogaidh é. Bhí fuath buile ag ginearáil na Breataine air toisc ar nocht sé den fhírinne i dtaobh Chogadh na Crimé in 1854.

11 Cairt ag Coláiste Ríoga na Máinlianna, 1784. Síltear gurbh é an scoláire Gaeilge ó Luimneach, Sylvester Ó hAllmhuráin, ba thúisce a chuir bonn ceart faoi ghairm na máinliachta in Éirinn. Oileadh é i bPáras agus i Leyden mar mháinlia agus dochtúir súl. Fiche bliain beagnach sular bunaíodh Coláiste na Máinlianna i mBaile Átha Cliath d'fhoilsigh sé moltaí i dtaobh conas an mháinliacht a chur chun cinn. Toisc an chaidrimh áiféisigh a bhí go fóill idir bearbóirí agus máinlianna in Éirinn ní bhacadh Scoil Leighis Choláiste na Tríonóide leis an ardscil seo ar aon chor. Ceann de mholtaí Uí Allmhuráin ba ea foirgneamh a thógáil chun an cheird a theagasc agus nach mbeadh aon duine cáilithe ach amháin an té a gheobhadh pas sna scrúduithe. A luaithe a fuair cumann na máinlianna a gcairt fuair siad teach a bhí buailte suas le hOspidéal Mercer. Bhí an foirgneamh seo mí-oiriúnach ach bhí an oiread sin éilimh ar mháinlianna airm agus cabhlaigh mar gheall ar chogaí Napoléon gur éirigh thar cionn leis an gcoláiste nua. Ansin tháinig i gcabhair orthu máinlia Ospidéal Chill Mhaighneann, fear a raibh tionchar nach beag aige ar an rialtas agus ar éirigh leis £6000 a fháscadh astu. Ar £4000 cheannaigh sé reilig a bhí ag Cumann na gCarad san áit a dtagann Sráid York agus Faiche Stiabhna le chéile. Osclaíodh an foirgneamh nua ansin in 1810 agus is ann atá sé ó shin.

12 Ceapadh an chéad Bhord Cinsireachta, 1930. Bhíothas ag iarraidh go leor tránna a fhreastal: cosc a chur le heolas ar an bhfrithghiniúint a scaipeadh; tuairiscí ag preas buí Shasana ar chásanna cúirte faoin gcolscaradh agus faoi ionsaithe gnéis a choimeád amach as an tír; damba in aghaidh shruth na pornagrafaíochta a thógáil. Is beag má bhí aon duine sa Dáil ná sa Seanad in aghaidh phrionsabal na cinsireachta. Is beag ach oiread a shíl gurbh é an toradh a bheadh ar an acht nua cinsireachta go mbeadh cosc ar shaothar litríochta agus go háirithe ar shaothar ghnáthscríbhneoirí na hÉireann.

13 Teip Bhanc Thiobraid Árann, 1856. Bhí sé seo ar na scannail airgeadais ba mhó san am. Chaill scológa Thiobraid Árann agus oibrithe cléireachais ar fud na Mumhan tuairim £400,000. Chuir an t-úinéir, John Sadlier, lámh ina bhás féin ar 17 Feabhra. Airsean a bhunaigh Charles Dickens pearsa Mister Merdle in *Little Dorrit*.

14 Tuarascáil Choimisiún Devon, 1845. Thug míle duine fianaise os a chomhair i dtaobh cúrsaí talún in Éirinn. Cáipéis thábhachtach ag staraithe é, ach maidir le feabhas a chur ar stádas na ndaoine d'fhág an Gorta Mór go raibh an t-eolas a bailíodh as dáta.

15 Bunú Chumann Seandálaíochta Chill Chainnigh, 1849. Bhí spéis sa Ghaeilge ag cuid de na bunaitheoirí, ag John J.A. Prim go háirithe. Chuir seisean amhráin Ghaeilge iarthar an chontae á mbailiú. As an gcumann seo a d'fhásfadh an RSAI, an cumann náisiúnta seandálaíochta.

16 Toghadh John Mitchell i dTiobraid Árann, 1875. D'éirigh thar cionn le lucht Home Rule in olltoghchán 1874. Cé gur ainmníodh an Mistéalach i gCorcaigh níor roghnaíodh é i ndeireadh báire. Ní raibh sé sa tír fiú. Ach shocraigh na náisiúnaithe go gcuirfidís suas arís é a luaithe a tharlódh fothoghchán oiriúnach. B'fhéidir go raibh sórt náire orthu. Agus b'acmhainn dóibh dul sa seans anois ó bhí trí scór suíochán buaite acu. I mí Eanáir na bliana dár gcionn d'éirigh feisire Thiobraid Árann as a shuíochán. Níor cuireadh suas aon duine in aghaidh an Mhistéalaigh. Ní raibh an seanlaoch sa tír agus faoin am ar shroich sé Cóbh bhí an toghchán thart agus é tofa. Toisc gur daoránach ba ea é d'fhéach an rialtas chuige láithreach nach mbeadh cead suí aige. Chun an folúntas a líonadh shocraigh siad go mbeadh an dara toghchán ann ar 12 Márta. Bhí na mílte vóta ag an Mistéalach ar an iarrthóir eile an babhta seo. Ach sciob an bás é sula raibh deis ag an rialtas an suíochán a bhaint de arís. Bhí toradh nach mbeadh súil leis ar an rud ar fad. Bhí a sheanchara Seán Máirtín, feisire parlaiminte na Mí, an-tinn ach ní shásódh aon rud é ach a bheith ar an tsochraid. Ba é an turas sin a thug a bhás agus cailleadh é naoi lá i ndiaidh an Mhistéalaigh. Bhí folúntas anois i gCo. na Mí. Agus sin mar a tugadh deis do Charles Stewart Parnell dul isteach sa pharlaimint an chéad lá.

17 Seanmóir Dháithí Uí Mhuircheartaigh, easpag Chiarraí, in Ardeaglais Chill Airne, 1867: 'When we look down into the fathomless depths of this infamy of the heads of the Fenian conspiracy we must acknowledge that eternity is not long enough or hell hot enough to punish such miscreants'.

18 Ceapadh Frederick Augustus Hervey ina easpag ar Dhoire, 1767. I Sasana a rugadh é agus san Iodáil a d'éag sé. Ach sna foclóirí beathaisnéise is gnách é a áireamh mar Éireannach. Ba é an t-ochtú hIarla Bhriostó a athair agus ceapadh a dheartháir ina Fhear Ionaid in Éirinn. Timpeall an ama chéanna sin ceapadh Hervey ina easpag ar Chluain i gCo. Chorcaí. Níor thaitin sé le Gaeil na deoise sin mar gur ghabh sé seilbh ar phortach fairsing a raibh ceart ag muintir Chathasaigh air le sinsearacht. Ní ar

Doire

mhaithe leis féin a rinne sé amhlaidh ach le cur le hairgead na deoise. Bhí sé ag imirt caitheamh cliobóg lá, é féin agus scata eaglaiseach ag léim thar dhroim a chéile, nuair a tháinig scéala chuige go raibh deoise Dhoire faighte aige. Mhaígh sé láithreach gurbh é féin a chaith an chliobóg ab fhaide – ó Chluain go Doire! Níl teorainn lena ndearna sé ó thuaidh: rinne sé bóithre; chuir sé droichead ar an bhFeabhal; thionscain sé modhanna nua feirmeoireachta; thosaigh sé scéim aoisliúntais in Eaglais na hÉireann…. Mhaíodh sé gurbh é féin ba thúisce a tharraing aird an domhain ar Chlochán an Aifir. Bhí sé in aghaidh na ndeachúna mar fhoinse airgid ag eaglaisigh agus is orthu a chuir sé an milleán faoi Éirí Amach '98. Bhí sé in aghaidh na bPéindlíthe. Bhí sé ar dhuine de cheannairí Óglaigh Ghrattan agus rinne sé iarracht loingeas a cheannach dóibh. Ó 1779 amach bhí iarlacht Bhriostó aige féin agus ioncam dá réir. Chaith sé deireadh a shaoil ag taisteal ar an Mór-Roinn agus ba mhinic scannal á lua leis – agus ní i ngeall ar imirt cliobóg le heaglaisigh é.

19 Acht na Hallaí Rince Poiblí, 1935. Is minic a deirtear gur chuir sé deireadh leis na rincí tí agus gur lagaigh dá réir an ceol rince traidisiúnta.

20 Rugadh William Carleton, 1794. Shíl Yeats gurbh é an t-úrscéalaí Éireannach ab fhearr riamh é toisc gurbh é ba Ghaelaí. Is líonmhaire go mór an dream a thabharfadh an chraobh do James Joyce. Tá sé le maíomh ag muintir Marino i dtuaisceart chathair Bhaile Átha Cliath go raibh an dá mhórscríbhneoir tamall ina gcónaí sa cheantar sin.

21 Liostáladh na chéad Ghardaí Síochána, 1922. Gan amhras níorbh in é an t-ainm a tugadh orthu ach gardaí sibhialta nó 'civic guards'. Agus ní raibh aon ghnáthearcaíocht i gceist. Ní raibh fógraí móra sna nuachtáin ná dada dá shórt. Ina leabhar *Guardians of the Peace* luann Conor Brady an chaoi a ndeachaigh fear amháin as Co. an Chláir isteach san fhórsa. Bhí sé ina shuí cois tine ar a dó a chlog ar maidin tar éis an oíche a thabhairt ag faire ar chúpla lao á saolú, nuair a tháinig cnag ag an bhfuinneog. Duine dá chuid oifigeach sna hÓglaigh a bhí ann lena ordú dó a bheith ag stáisiún na traenach i gCill Rois ar 8.30. a.m. lá arna mhárach. I rith an turais ar leoraí go Baile Átha Cliath is ea a dúradh leis féin agus le scata eile gur bhall anois é den gharda nua sibhialta. Bhí fonn ar chuid de na buachaillí léim as an leoraí láithreach! San RDS a bhí an fórsa nua lonnaithe ar dtús ach i gceann cúpla mí cuireadh siar go dtí beairic i gCill Dara iad. Bhí an foirgneamh sin an-mhí-oiriúnach agus ní raibh cóir cheart chodlata orthu go ceann tamaill. Ach níor dhada mar chúis ghearáin é sin le hais an oiread sin den tsean-Chonstáblacht Ríoga a bheith i gceannas orthu. Cuid de na seanphóilíní sin b'fhir iad a bhí ag coinneáil eolais le Micheál Ó Coileáin i rith Chogadh na Saoirse. Ach bhí fear díobh ar na constáblaí a ghabh Ruairí Mac Easmainn i 1916. Tharla ceannairc san fhórsa a ndeachaigh sé cúng ar an gCoileánach a smachtú. Deirtear gur ar mholadh Chathail Uí Sheanáin (1889-1969) a tugadh an Garda Síochána ar an bhfórsa agus b'in é a tugadh air sa chéad dlí a achtaíodh lena bhunú an 23 Lúnasa 1923.

22 Bás Phádraig Uí Chaoimh, máistirfhidléir, 1963. I nGleanntán, idir Baile Deasumhan agus Oileán Ciarraí, a rugadh é. Bhí cáil an cheoil ar mhuintir a mháthar, na Ceallachánaigh. Múinteoir scoile ba ea a athair agus ba leis an gceird sin a chuaigh Pádraig. Ach d'éirigh sé as nuair a bhí sé ag cur isteach ar a stíl bhoihéamach mhaireachtála. Le múineadh an cheoil a shaothródh sé a bheatha feasta. Ba é a mhúin Denis Murphy, Julia Clifford, Johnny O'Leary, Mikie Duggan, agus Paddy agus Johnny Cronin. B'fhearr leis a bheith sa teach tábhairne ná a bheith pósta agus 'mo bhean' a thugadh sé ar a veidhlín. Ach loiteadh í nuair a d'fhág sé amuigh sa bháisteach í agus is ar veidhlín éigin a d'fhaigheadh sé ar iasacht a sheinneadh sé. Bhí míle tiúin aige.

23 Na chéad liúntais do leanaí, 1944. Bhí a leithéid ag státseirbhísigh na tíre chomh luath le 1928, ach níor lean fostóirí príobháideacha an sampla sin. San am sin chuirtí ceist nach rithfeadh le haon duine a chur inniu: conas is féidir pá réasúnta a thabhairt don fhear a bhfuil muirín mhór air? Bhí liúntas le fáil sa Fhrainc le fada. Ba é an gnáthréiteach airgead a íoc i gcás an ceathrú leanbh agus aon leanbh eile ina dhiaidh sin. An chéad scéim a tugadh isteach in Éirinn ní raibh de chur ina choinne ach nach le

máithreacha ach le haithreacha a bhí an liúntas le híoc. Ní raibh fiosrú maoine i gceist mar a bhí i scéimeanna na Nua-Shéalainne agus na hIodáile. Ach chaithfeadh triúr leanaí a bheith sa chlann. Leathchoróin sa tseachtain an liúntas agus d'fhéadfaí é a bhailiú gach seachtain. Níor tugadh an scéim mhíosúil isteach go dtí 1952 agus socraíodh an uair sin ar liúntas a thabhairt don dara leanbh, aon scilling déag, agus suim ab ionann agus nócha pingin inniu don tríú leanbh. Bhí téip dhearg i gceist: bhí ar cheann an teaghlaigh an fhoirm éilimh a líonadh faoi dhó sa bhliain. Ar feadh trí bliana is faoin Roinn Tionscail agus Tráchtála a bhí riar na scéime agus ansin faoin Roinn Leasa Shóisialaigh nuair a bunaíodh í. Bhí £60 sa bhliain saor ó cháin le fáil ar son gach linbh sular tosaíodh ar scéim na liúntas. Laghdaíodh é sin go dtí £47, agus cuireadh deireadh ar fad leis ar ball. Faoi 1963 bhí liúntas le fáil don chéad leanbh féin.

24 Ghéill Cathair Dhún Iascaigh do Chromail, 1650. In oileán in abhainn na Siúire sa Chathair a thóg na Buitléaraigh ceann de na caisleáin is breátha in Éirinn. Nuair a rinne Iarla Essex ionsaí air sa bhliain 1599 theith an garastún i ndiaidh cúpla lá. An fad sin féin níor mhair an chosaint nuair a chuir Murchadh na nDóiteán faoi léigear é i 1647. Agus deirtear nár scaoileadh urchar sular géilleadh an caisleán do Chromail.

25 Bás Tom Moore, 1852. Bhí ardmheas ar a chuid amhrán i measc lucht páirte na Gaeilge i ndeireadh an 19ú haois. D'aistrigh an tArdeaspag Mac Héil cuid mhór díobh. Chuir an file Pádraig Ó Beirn 'Creid mé dá n-éagadh snas álainn do ghné' ('Believe me if all thy endearing young charms') ar fáil agus ag imeachtaí Chonradh na Gaeilge bhíodh an-tóir ar 'An Chruit do scaip trí hallaí an rí' ('The Harp that once') agus ar 'Tá a leon geal faoin gcré agus í féin i bhfad uaidh' ('She is far from the land').

26 Oíche na Gaoithe Móire, 1903. Leag an gála seo an eaglais Chaitliceach ar na Clocha Liatha, Co. Chill Mhantáin, agus scuab leis díon na ceardscoile i mBré. Cuimhníodh in An Claidheamh Soluis ar Oíche na Gaoithe Móire in 1839. 'Is é an trua gan an Búrcach [Micheál a Búrc, an Gaillmheach a scríobh 'Oíche chinn an Dá Lá Déag'] beo nó fear éigin eile mar é le laoi a chumadh ar oíche na gaoithe móire. Chuirfeadh sé síos i rannta greanta dúinn mar a d'oscail fear na gaoithe a dhoirse san gceard thiar agus mar a scaoil sé a chapaill amach fá na réigiúin... Scaradar féar ar na sceacha mar a scarfadh bean éadach ar tuartha. Leagadar geataí agus claíocha, rinneadar bruscar de thithe éidreoracha mar a dhéanfadh garsún bruscar de chliabhán éanacha'. Spreag an t-alt sin Craobh Dhromad de Chonradh na Gaeilge chun duais cúig scillinge a thairiscint don dán ab fhearr i dtaobh na stoirme. Diarmuid Ó Gealbháin, siúinéir sa Phrióireacht,

a bhain é. 'Níl siúinéir ná glaeséir ná eiligeoir néata / Ná go mbeidh airgead gléigeal 'na charnaibh in aghaidh an lae 'cu / Gach tráthnóna ag pléaracht is ag blaiseadh braon dí / Beidh an saor 's an pluiméir ann is fear déanta an mhairtéil ann /... Agus gasra tréanfhear a chuirfeadh suas slinn'. Bhí Micheál Ruiséal ó Bhaile an Fheirtéaraigh ag bainis an oíche sin. 'Níorbh fhada dhúinn an oíche úd gur bíogadh sinn ó chéile / Le gála borb gaoithe tháinig cruinn sa tsimné chughainn, / Níor fhág sí blaiseadh dí 'gainn dá bhríomhaireacht braon de, / Gan 'chur ar fud an tí uainn, cé gur chlaíte mar scéal é'. Nuair a rinne an ghaoth snaois de na *chanies* ar an drisiúr d'imigh an file ina ruaig reatha gur chaith an chuid ba mhó den oíche ina luí i bpoll cois claí.

27 Faoistin Risteard Piogóid, 1889. Shílfeá gurbh ar an bPiogóideach a bhí an Dr Johnson ag cuimhneamh nuair a dúirt gurbh é a bhí sa tírghrá tearmann deiridh an bhithiúnaigh. Ligeadh an t-iriseoir seo as Co. na Mí air gur thírghráthóir é. Faoi 1886, áfach, ní raibh meas ag aon duine in Éirinn air. Ach theastaigh cabhair ó cheannaire na ndílseoirí, Edward Houston. Chreid seisean go daingean go raibh baint ag Parnell leis na dúnmharuithe i bPáirc an Fhionnuisce in 1882. Ach cá raibh an fhianaise? Chreid sé Piogóid nuair a thairg seisean teacht ar an bhfianaise ach costais an chuardaigh a íoc leis. Tar éis dó an Eoraip agus Meiriceá a thaisteal thuig Piogóid gurbh é a chaithfeadh sé a dhéanamh fianaise a chumadh. Bhí átagraf Pharnell aige. D'iarr sé ar Houston bualadh leis i bPáras agus fuair £500 uaidh le tabhairt do bheirt a thug dó na litreacha a dhamnódh Parnell. D'fhoilsigh *Times* Londan an litir ba mheasa díobh ar 18 Aibreán 1887. Ach shíl an brionnadóir go bhféadfadh sé a thuilleadh airgid a fháil. Bhí curtha in iúl aige d'ardeaspag Bhaile Átha Cliath sular foilsíodh an litir go bhféadfadh sé an foilsiú a stopadh ach airgead a fháil. Chuir an t-ardeaspag sin in iúl do lucht cosanta Pharnell. B'éigean don Phiogóideach fianaise a thabhairt os comhair Coimisiúin Speisialta in 1889 agus d'iarr abhcóide Pharnell air focail áirithe a litriú: *livelihood, likelihood, proselytism, Patrick Egan*. Litrigh an finné i gceart iad. Ansin chaith sé focal eile isteach go neafaiseach sa cheistiúchán: *hesitancy*. Bhí 'e' sa tríú siolla aige, díreach mar a bhí sa litir. B'in deireadh lena rith. Ach fós níor ghéill sé. Ansin ar 26 Feabhra níor tháinig sé os comhair an Choimisiúin. Ó Pháras d'imigh sé go Maidrid mar ar chuir sé lámh ina bhás féin.

28 Rugadh Seán Mac Diarmada, 1884. Sampla is ea fear seo Choillte Clochair den duine a fuair oideachas aosach i gConradh na Gaeilge agus sa ghluaiseacht náisiúnta i gcoitinne. Tiománaí tramanna a bhí ann nuair a cheangail sé leis an gConradh i mBéal Feirste agus faoin am a raibh sé 24 bliana d'aois bhí sé ina thimire lánaimseartha ag Bráithreachas na Poblachta.

23,340

29 Rugadh James Gandon, 1742/43. In éineacht le Frederick Augustus
Hervey tá sé ar an mbeagán Sasanach a áirítear mar Éireannaigh sna foclóirí
beathaisnéise. Bhí sé 26 bliana d'aois nuair a tháinig sé anseo an chéad lá.
Ba é faoi deara Halla na Cathrach i mBaile Átha Cliath a dhearadh agus
Teach an Chustaim agus na Ceithre Cúirteanna a thógáil. Tá sé curtha i
nDroim Conrach. Ach nach aisteach mar dháta breithe é? Is é atá in
Dictionary of National Biography. Shíl Maurice Craig, staraí na hailtireachta,
é a bheith ait, ní foláir, ach fuair sé an dáta céanna in *Life of Gandon*, 1846
le Mulvany. Tá sé mar fhonóta in *Dublin 1660-1860* (1969) aige go
mbaineann an dáta leis an nua-stíl.

Aghaidh Theas Theach an Chustaim, Baile Átha Cliath

MÁRTA

1 Osclaíodh scoil Bhéal Átha an Tuair, 1726. Fear ó Yorkshire, Abraham Shackleton, a chuir tús leis an scoil cháiliúil seo i gCo. Chill Dara. Bhí Abraham fiche bliain d'aois sular fhoghlaim sé Laidin. Bhí sé ina mháistir tí in Éirinn ar dtús. Bhraith sé gá a bheith le scoil chónaithe agus d'éirigh leis trí scór lóistéirí a mhealladh ann chomh maith le scoláirí lae. Thagadh buachaillí ón Mór-Roinn chun Béarla a fhoghlaim. D'éiríodh go maith leo toisc nach mbíodh a dteanga dhúchais le cloisteáil acu. Ach ba é an fáth is mó a bhfuil cáil ar an scoil go raibh an t-óráidí mór Edmund Burke agus a dhearthaireacha Garrett agus Richard ann ó 1741 amach. D'éirigh an Búrcach mór le Richard, mac Abraham. Tháinig seisean i gcomharbas ar a athair i gceannas na scoile agus thagadh an Búrcach ar cuairt chuige go minic. Scríobh iníon Richard, Mary Leadbeater, dialann. Annála Bhéal Átha an Tuair agus annála na scoile ar feadh trí scór bliain is ea an dialann sin agus foilsíodh í daichead bliain i ndiaidh bhás an údair. Tá léargas ann sin ar an gcaoi a ndeachaigh eachtraí '98 i gcion ar an sráidbhaile.

2 Thosaigh Pádraig Mac Piarais ina eagarthóir ar *An Claidheamh Soluis*, 1903. Chuir ceathrar isteach ar an bpost: Liam P. Ó Riain, iriseoir agus sóisialaí; Pádraig Mac Suibhne, cainteoir dúchais ó Dhún Garbhán a

bheadh ina chigire faoin Roinn Oideachais i ndeireadh a shaoil; Seán Ó Ceallaigh ('Sceilg') a bheadh ina aire sa chéad Dáil; agus an Piarsach. D'éirigh an Dr Micheál Ó hÍceadha as leasuachtaránacht an Chonartha nuair nár ceapadh an cainteoir dúchais Mac Suibhne agus bhíodh Muimhnigh ar nós an Duinnínigh go minic ag spochadh as an eagarthóir nua.

Na Ceithre Cúirteanna, Baile Átha Cliath

3 Cloch bhoinn na gCeithre Cúirteanna, 1786. Chosain an foirgneamh beagnach £250,000 agus d'aistrigh na cúirteanna dlí isteach ann in 1796. Bhí tús curtha le foirgneamh don Oifig Oiris Phoiblí ag Thomas Cooley (d'éag 1784) ar an láthair chéanna i 1776. James Gandon a chríochnaigh an obair ar an bhfoirgneamh ina mbeadh na cúirteanna dlí.

4 An chéad eagrán de *The United Irishman*, 1899. Leathphingin an praghas ar dtús. Art Ó Gríofa a scríobhadh an chuid is mó den seachtanán ocht leathanach seo agus ní bhíodh de thuarastal le fáil aige ach idir £1.25 agus £1.50 sa tseachtain. Mhair an páipéar go ceann seacht mbliana.

5 Cloch bhoinn Dhroichead Uí Chonaill, 1791. Níorbh in é an t-ainm a bhí air i 1791 ach Droichead Charlisle. Is dócha gurb é an droichead sin is mó a d'athraigh dreach Bhaile Átha Cliath agus a d'fhág an chathair mar is eol dúinn inniu í, is é sin an príomhbhealach a bheith ag síneadh ó Fhaiche Stiabhna ó thuaidh go Cearnóg Pharnell. Nuair a thóg Luke Gardiner an chuid uachtarach de Shráid Uí Chonaill (nó Sackville St) is

gnáthchearnóg chiúin, áit chónaithe ag uaisle, a bhí i gceist aige. Ach tuairim 1786 cuireadh síneadh léi chomh fada leis an Life. Mar bharr ar an donas osclaíodh siopaí sa chuid sin den tsráid nua. Ansin tógadh droichead álainn idir sin agus Sráid an Fheistí. James Gandon, Sasanach ar Fhrancach a athair, faoi deara an droichead seo. Bhí i gceist aige go mbeadh na cosáin díonta ar an tsíon. Críochnaíodh an obair i 1794 agus is dócha nár measadh go raibh an droichead róchúng san am: ar an taobh theas den abhainn a bhí an chuid is mó ar fad de ghnó agus d'áitribh na cathrach. Faoi 1880 bhí athrú mór ar an scéal ó thaobh tráchta de agus ba gheall le caolas idir dhá aigéan an seandroichead. Cuireadh a thrí oiread leis agus, cé gur coinníodh cuid mhór de mhaisiúcháin Ghandon, droichead úrnua a bhí ann dáiríre. Bhí saol nua ann freisin agus dá chomhartha sin tugadh ainm nua air an 6 Bealtaine 1880: Droichead Uí Chonaill. Tá sráideanna, bóithre, foirgnimh agus sráidíní ainmnithe go fóill as Carlisle, Sackville, Gardiner agus as Nelson fiú. Ní léir go bhfuil áit ná foirgneamh poiblí ainmnithe i ndiaidh James Gandon. Ach mar a dúradh faoi mhóráiltire Londan, Wren ... *si monumentum requiris, circumspice.*

6 'Erin's lovely Lee', 1869. Tá dátaí áirithe buanaithe ní mar gheall ar aon éacht a chuir an domhan ar crith ach toisc é a bheith sa chéad líne de bhailéad. *On March the sixth in sixty nine we sailed from Queenstown quay, / Bold Fenian men from Ireland, bound for Americay. / For the forming of a Fenian band in the year of sixty three / We were forced to go from sweet Cloughroe down Erin's lovely Lee.*

7 Bhuail Parnell agus an Fínín John Devoy le chéile in Boulogne, 1879. Is comhtharlú amach is amach é gur ar an lá céanna in 1887 a thosaigh an *Times* ag foilsiú na n-aistí speisialta *Parnellism and crime* lena chur in iúl go raibh baint ag an gceannaire polaitiúil leis an bhforéigean Fíníneach.

8 Séideadh Gallán Nelson san aer, 1966. Lucht airgeadais agus tráchtála faoi deara an gallán a thógáil go luath i ndiaidh chath Trafalgar. Bhí siad ríbhuíoch de Nelson toisc gur shaor sé na muirbhealaí le haghaidh loingseoireachta. William Kirk a rinne an dealbh den 'adhaltrach ar leathshúil'. Maidir leis an ngallán féin, William Wilkins ab ainm don ailtire agus bhí fear ní ba cháiliúla ná é ag cur comhairle air, an Francis Johnston úd a thóg Ardoifig an Phoist. Bhí tuairimí éagsúla ag daoine faoin ngallán. Shíl Yeats go raibh sé gránna ach gur cheart é a chaomhnú mar phíosa staire. Na daoine ar thaitin sé leo ó thaobh na haeistéitice, b'fhearr le cuid acu gur ag ceann na sráide, san áit a bhfuil Parnell, a bheadh sé ionas go mbeadh tuairim cheart againn d'fhad agus de leithead na sráide. Bhí dream eile nach raibh ag déanamh tinnis dóibh ach go raibh sé ag cur isteach ar

an trácht. Ach ba iad na hargóintí polaitiúla ba mhó a bhí á gcur os ard. Go gairid roimh Iubhaile Órga Éirí Amach na Cásca socraíodh an cheist gan phlé gan vóta nuair a séideadh an gallán san aer. Tuairiscíodh an mhaidin dár gcionn gur chodail bean go sámh tríd an ngleo go dtí gur dhúisigh glao teileafóin ó Cheanada í: a hiníon ag fiafraí go himníoch an raibh sí ceart go leor. Le himeacht aimsire tosaíodh ar an seanghallán a áireamh mar chuid de Bhaile Átha Cliath *in the rare oul' times*: ceann scríbe ag tramanna, an áit a mbíodh seanmhná ag díol bláthanna, ionad coinne ag strainséirí ón tuath.

9 Bás Sheáin Uí Neachtain, 1729. I gCluain Oileáin, leath bealaigh idir Baile Átha Luain agus Béal Átha na Sluaighe, a rugadh é. Deirtear gur ag spailpínteacht a chaith sé tamall dá shaol, go raibh sé ar aimsir ag muintir Nógla agus gur phós sé bean díobh sin, gur phós sé an athuair agus gur don dara bean a chum sé an dán dar tús *Rachainn fón gcoill leat / A mhaighdean na n-órfholt / 'Féachain ar éanlaith / 'S ag éisteacht a gceolghob*. Bhí triúr clainne aige féin agus Úna: Tadhg, Lúcás, Anna. Ar nós a athar, file agus máistir scoile ba ea Tadhg. In annála na beirte tá cuid de stair thruamhéalach mhná na linne le feiceáil. Fuair céad bhean Thaidhg, Cáit Nic Fheorais, bás i 1714. Bliain go leith ina dhiaidh sin d'éag an dara bean, Mairéad Nic Thomáis. Agus fuair an tríú bean, an file Máire Ní Reachtagáin, bás nuair a bhí Tadhg ina lán-neart go fóill. Deir Donn Piatt gurbh in aice le Pimlico, i Sráid an Iarla Theas, ó bhliain Chath na Bóinne anuas go 1750, a bhí cónaí ar mhuintir Neachtain. An ciorcal liteartha a bhí ar bun acu ansiúd is cuid é de *Hidden Dublin* an 18ú haois. Chum Tadhg dán a liostaíonn 26 de lucht na Gaeilge sa cheantar. Agus tá dán beag gleoite ag Seán i dtaobh na lámhainní a chaill sé ag aifreann in Eaglais San Doiminic i Sráid na gCócairí. Bhí drochamhras aige ar ghiolla na sagart. *A Chliar sin Shráid na gCócairí / Ní tuar ceart trócaire díbhse / An té a cheil mo lámhainní*.... Scríobh Seán an scéal *Stair Éamainn Uí Chléire* ina ndéanann sé fonóid faoi Bhéarla na nGaeilgeoirí. Ó Thadhg a fuaireamar *Eolas an Domhain*, geografaíocht i modh ceisteanna agus freagraí, Tadhg ag ceistiú an athar. Is í an chéad cheist: 'A athair ionmhain, a ndeir tú liom gur mó den domhan talmhaí atá fé ain-Chríostaithe ná fé Chríostaithe?'

10 Foilsiú *Cré na Cille*, 1950. 1949 an dáta dar le hinphrionta an fhoilsitheora ach níl sa mhéid sin ach beagán den eachtraíocht a bhain leis an úrscéal réabhlóideach seo ó chéadchuir an t-údar isteach ar chomórtas liteartha an Oireachtais é go dtí an clóbhualadh i gCathair na Mart. Bhí ceithre leagan i gceist: an bhun-lámhscríbhinn; an t-athscríobh a rinne Ó Cadhain le cabhair ó thriúr comrádaithe leis tar éis dó cairde deiridh seachtaine a fháil ón Oireachtas; an scéal faoi mar a d'fhoilsigh Scéala

Éireann é idir 15 Feabhra 1949 agus 17 Meán Fómhair 1949; agus an leabhar féin i ndeireadh báire.

11 D'éirigh de Valera as uachtaránacht Shinn Féin, 1926. Theastaigh uaidh go rachadh Teachtaí Dála na gluaiseachta isteach sa Dáil dá bhféadfaidís teacht timpeall ar fhadhb an mhionna dílseachta. Tionóladh Ardfheis Urghnách ag Sinn Féin ach chaith triúr dá raibh ar an gcruinniú vóta in aghaidh an pholasaí nua, mar a bhí, an tAthair Micheál Ó Flannagáin, Aibhistín de Staic agus Máire Nic Shuibhne.

12 Léirsiú ag mic léinn, 1858. Tá stair Bhaile Átha Cliath breac le círéibeacha den uile shórt: cinn sheicteacha agus pholaitiúla, círéibeacha sna hamharclanna, círéibeacha ag printísigh agus ag mic léinn. Sa tseanaimsir ní raibh bealaí eile chun míshásamh a chur in iúl. Nó b'fhéidir féachaint ar na círéibeacha mar fhaicseanacht ar mhaithe le spraoi agus spórt. Ach in 1858 is ar éigean má bhí gíog as mic léinn le caoga bliain anuas. Bhí an tír an-suaimhneach agus tugadh lá saoire don phobal nuair a bhí Iarla Eglinton ag dul i mbun a phoist mar Fhear Ionaid an Rí. Bhí téarma caite aige sa phost roimhe sin agus thaitin sé maith go leor leis na cathróirí. Bhí na sluaite cruinn ag breathnú ar an mórshiúl ag dul ó Fhaiche an Choláiste suas Sráid an Dáma go dtí an Caisleán. An scata mac léinn a bhí taobh istigh de ráillí Choláiste na Tríonóide bhí siad chomh dílis don Rí le haon duine eile. Ach theastaigh beagán spóirt uathu. Bhí *squib*eanna acu, agus chaith siad uibheacha agus craicne oráistí leis na póilíní agus leis an slua i gcoitinne. Buaileadh ceannfort na bpóilíní san aghaidh. D'ordaigh sé do dhíorma de na Scots Greys fogha a thabhairt faoi na scabhaitéirí seo. Mhéadaigh sin ar fhíoch na mac léinn agus ghabh siad duine de na póilíní mar ghiall. Níor fhéad an DMP, idir mharcaigh agus choisithe, an masla seo a fhulaingt. Isteach leo gan chead trí gheataí an Choláiste agus ghortaigh cuid mhaith de na fir óga lena gclaimhte agus lena smachtíní. Chuir údaráis an Choláiste an dlí ar an gceannfort agus ar chuid dá fhir, á rá gur ionsaí coiriúil a rinne siad. Bhí pobal na cathrach go mór ar son na mac léinn ach ba é cinneadh an ghiúiré na póilíní a shaoradh ón gcúis a bhí orthu.

13 Foilsíodh *At Swim-Two-Birds* le Flann Ó Briain, 1939. Níor éirigh go maith leis an gcéad chló sin. Ní foláir nó bhí baint ag an Dara Cogadh Domhanda leis an teip sin. B'éigean don údar fanacht go ceann 21 bliana leis an dara cló chun go dtabharfaí a cheart d'aitheantas dó.

14 Bás an Ghinearáil George Wade, 1848. Deirtear gurbh iad na bóithre a rinne seisean trí Gharbhchríocha na hAlban na cinn ab fhearr a rinneadh sa Bhreatain ó aimsir na Rómhánach. I gCill an Bhaile san Iarmhí a rugadh

Wade ach is in arm Shasana thar lear a chaith sé a shaol. Ba é an cineál saighdiúra é a ndéarfá faoi gur mhó a bhain seasmhacht leis ná ardintleacht. Sa bhliain 1722 cuireadh go hAlbain é chun staidéar a dhéanamh ar na Garbhchríocha. Chun seanreacht na nGael a scriosadh agus lánsmacht a bheith ag an rialtas ar a gcuid réigiúnsan b'fhearr dea-bhóithre ná aon rud eile, shíl sé. Ordaíodh dó bualadh ar aghaidh lena phlean chun 243 mhíle slí de bhóithre a thógáil ar chostas £70 an míle. *Highwaymen* a thug sé ar an 500 saighdiúir a rinne an obair sin. Fuair siad pá a bhí fial go maith, réal breise in aghaidh an lae. Agus saighdiúirí ba chóra na bóithre céanna a dhéanamh, mar is ar mhaithe le haidhmeanna straitéiseacha agus míleata a theastaigh siad, chun Dún Sheoirse, Dún Augustus agus Dún Artúir a nascadh le chéile. Bhí siad rí-oiriúnach chun gunnaí móra a iompar. Ach nach aisteach an rud é gurbh é an Prionsa Séarlas is fearr a bhain feidhm astu i rith Éirí Amach 1745? Bliain roimhe sin bhí Wade i gceannas ar fhórsa na Breataine i gCogadh Chomharbas na hOstaire, cé go raibh sé faoin taca sin os cionn seachtó bliain d'aois. D'fhág sé £500 le huacht chun go dtógfaí leacht ina onóir féin i Mainistir Westminster. Ach nach buaine de leacht iad na bóithre breátha úd agus na 33 dhroichead áille a thóg sé in Albain?

15 Crochadh an Athar Nioclás Ó Síthigh i gCluain Meala, 1766. Nuair a saoradh é i mBaile Átha ar chúiseamh go raibh baint aige leis na Buachaillí Bána, gabhadh arís é agus cuireadh dúnmharú ina leith. Tugadh leabhar éithigh ina aghaidh. Chreidtí go mbíodh scamall dubh os cionn an bhaile gach lá aonaigh de dheasca na héagóra sin.

16 An chéad uair a baineadh leas as X-ghathanna in Éirinn, 1896. In Ospidéal an Dr Mhic Stiabhna, Baile Átha Cliath, a tharla sé. Bhí sin an-luath ag cuimhneamh dúinn gur ar 8 Samhain 1895 a d'fhionn Wilhelm Conrad Röntgen iad i Wurzburg na Gearmáine. 'X-ghathanna' a thug sé orthu toisc nárbh eol dó a nádúr.

17 Rugadh Patrick Brontë, 1777. Sloinne coitianta i ndeisceart Uladh is ea Ó Prontaigh. Díreach mar is ionann 'bronnaim' agus 'pronnaim' níorbh ionadh 'Brunty' in áit 'Prunty'. Bhí tiníl ag Hugh Brunty i gCo. an Dúin agus duine den dáréag clainne a bhí aige an Pádraig seo. Cuireadh go Cambridge é le bheith ina shagart de chuid na hEaglaise Anglacánaí. Timpeall an ama sin bronnadh Diúcacht Bronte ar Horatio Nelson nuair a d'éirigh leis Napoli a athghabháil. Baile sa tSicil is ea Bronte. Níor bhac Nelson riamh leis an teideal ach rith sé le Pádraig s'againne gur dheise de shloinne é ná Brunty. B'fhéidir go n-éireodh lán chomh maith céanna le húrscéalta Charlotte, Emily agus Anne dá mba é 'Prunty' nó 'Ní Phrontaigh' a bheadh orthu.

18 Bás Chauncy Olcott, 1932. Bhí beirt Mheiriceánach den sloinne Olcott a raibh baint acu le hÉirinn. Ní raibh aon ghaol acu le chéile, agus an gaol a bhí acu linne bhí sé tanaí go maith. Ach is gaol spéisiúil é. Léiritheoir clúiteach scannán ba ea Sidney. Ba é ba thúisce a léirigh *Ben Hur*. Idir 1910 agus 1914 thugadh sé foireann aisteoirí go hÉirinn agus rinne scannáin a raibh teidil mar *The Lad from Old Ireland, Robert Emmet, Ireland's Martyr,* agus *Ireland the Oppressed* orthu. Bhí siad ar na chéad scannáin a rinneadh anseo. Fear níos cáiliúla fós ba ea an Olcott eile, Chancelor John, nó Chauncy mar ab fhearr aithne air. Níor sheas sé riamh ar thalamh na hÉireann ach mar sin féin chaith sé a shaol ag saothrú an cineál carachtair a dtugtar an tÉireannach Státse air. Níl teidil na ndrámaí a scríobh sé ródhifriúil le teidil scannán Sidney: *Minstrel of Clare, Sweet Inniscarra, A Romance of Athlone*. Amhránaí aitheanta ba ea é agus ba é a scríobh 'My Wild Irish Rose', idir cheol agus fhocail. Bhí sé ina chomhúdar ar fhocail 'Mother Machree' agus 'When Irish Eyes are Smiling' agus mar amhránaí is é is mó a chuir i mbéal an phobail iad. Gné bhunúsach de shiamsaíocht Mheiriceá ar feadh i bhfad ba ea an cineál sin 'Éireannachais', oiread sin is nár mhiste beannú do dhís seo an aon sloinne i bhfocail an amhráin, 'Did your mother come from Ireland?'

19 Luíochán Chrois an Bharraigh, 1921. Ceann de na heachtraí ba mhó i gCogadh na Saoirse. Céad fear de 3ú Briogáid Chorcaí a ghabh páirt ann, agus Tomás de Barra, iarshaighdiúir de chuid Arm na Breataine, i gceannas orthu. Níor maraíodh ach triúr de na hÓglaigh, ach thit 39 den namhaid.

20 Thosaigh stailc mhór na múinteoirí náisiúnta, 1946. Lean sé go 30 Deireadh Fómhair. Bhain sé le scálaí pá agus le cúrsaí pinsin. Thairg an tArdeaspag Mac Uaid eadráin a dhéanamh i dtús na stailce ach ní ghlacfadh an rialtas leis an tairiscint. D'impigh an t-ardeaspag ar na múinteoirí ar deireadh filleadh ar a gcuid oibre. Rinne siad rud air agus d'fhéadfaí a rá gur buadh ar na stailceoirí. Ach bhí baint mhór ag an stailc sin le teip Fhianna Fáil in olltoghchán 1948. Cuimhnítear ó shin air gur fágadh idir mhúinteoirí agus pháistí saor chun cabhrú le linn na práinne agus fómhar 1946 á dhéanamh. Cuimhnítear go fóill freisin ar an agóid a rinne seachtó stailceoir ag leath ama i gcluiche ceannais peile na hÉireann. Bhain an lucht féachana spórt as nuair a theip ar na gardaí iad a chur den fhaiche. Bhí na múinteoirí óga seo níos lúfaire ná lucht an dlí.

21 Ceapadh James Ussher ina ardeaspag ar Ard Mhacha, 1625. Fuair sé bás cothrom an lae sin i 1656. Bailíodh le chéile i 17 n-imleabhar an méid a d'fhág sé scríofa. Ach is í an cháil is mó atá air gurbh é a shocraigh aigne a eaglaise féin gur sa bhliain 4004 roimh Chríost a chruthaigh Dia an chruinne.

22 Rugadh Sarah Purser, 1848. Ar a mbealach go hÉirinn chonaic Clann Mhíle túr gloine ag éirí aníos as an bhfarraige. Is beag a shíl siad go mbeadh trácht ar an iontas sin i gceann na mílte bliain. An Túr Gloine a thug Sarah Purser ar an ngnó a chuir sí ar bun chun nach mbeadh eaglaisí na hÉireann ag iompórtáil gloine dhaite ach go bhfostófaí ealaíontóirí Éireannacha ina ionad sin. I nDún Laoghaire a rugadh Sarah agus fuair sí oiliúint sa phéintéireacht i mBaile Átha Cliath agus i bPáras. Measadh gur shaothraigh sí £30,000 sa bhliain nuair a bhí sí i mbarr a cumais. Bhí cáil uirthi freisin as an gcóisir liteartha a bhíodh sa teach aici ar an dara Máirt de gach mí. Institiúid de chuid na hathbheochana liteartha ba ea an chóisir chéanna, agus bhíodh suas le 150 duine i láthair aici. Is deimhin gurbh é an comhluadar agus nárbh é an bia a tharraingíodh na haíonna ann. Deireadh Sarah féin gur dhuine í de na *parsimonious pinching Pursers.* Níor stró ar bith uirthi ceapairí do leathchéad a sholáthar as trí scadán. Bhí cáil na barrúlachta uirthi freisin agus seans gurb í a dúirt faoi George Moore, 'Tugann fir áirithe póg uathu agus déanann scéal air; déanann George scéal gan aon phóg a thabhairt.' Agus bhí sí ait. D'áitigh sí uair ar Oliver St John Gogarty í a thabhairt suas in eitleán chun go ndéanfadh sí suirbhé ar sclátaí díon an tí. Mhair sí go haois a 95. Cá bhfios nach mbeadh sí cúpla bliain eile ar an saol murach an stampa a d'eisigh an Roinn Poist aimsir Iubhaile Órga Chonradh na Gaeilge i 1943? Shíl sí gur chuir siad cuma seanróin ar a cara dílis Dubhghlas de hÍde. Bhí sí ar an teileafón ag déanamh a gearáin nuair a thit sí mín marbh. Ba é an dara Máirt de Lúnasa é.

23 Ghabh Sir William Skeffington Caisleán Mhaigh Nuad, 1535. Meastar go coitianta gurbh é an chéad uair in Éirinn é a baineadh úsáid as púdar gunna.

24 Deireadh le rialtas Stormont, 1972. Bhí Príomh-Aire Rialtas Stormont, Brian Faulkner, ag éileamh ar Westminster an t-údarás a thabhairt dó chun an RUC a chur faoi airm arís agus na B-Speisialaigh a athbhunú. Dhiúltaigh Edward Heath agus dhearbhaigh gurbh é Westminster a bheadh freagrach as cúrsaí slándála. Ní raibh Faulkner sásta glacadh leis sin agus ar 30 Márta cuireadh Stormont ar fionraí go ceann bliana.

25 Cuireadh marú Bhríd Uí Chléirigh i leith cúigir, 1895. Lánúin shona i bparóiste Dhrongán i gCo. Thiobraid Árann ba ea Bríd agus Micheál Ó Cléirigh. Cúipéir ba ea Micheál. Ní raibh aon chlann acu. Bhí athair Bhríde, Pádraig Ó Beolláin, in aontíos leo. Faoin 13 Márta bhí broincíteas ar Bhríd. Cé gur léir don dochtúir agus don sagart go raibh sí fiabhrasach agus corraithe ní dhearna sí aon ghearán leo. Bhí a fear céile suite de ar

feadh an ama nárbh í a bhean chéile í in aon chor ach síogaí nó iarlais a d'fhág an t-aos sí ina háit. Nach raibh sí dhá orlach níos airde ná Bríd agus níos breátha? D'éirigh leis an méid sin a áiteamh ar athair Bhríde agus ar chuid dá gaolta. An lá dár gcionn fuair sé leigheas ó luibhlia ar Shliabh na mBan agus bhailigh na comharsana isteach sa teach leis an leigheas seo a fheiceáil á dhéanamh agus cibé piseoga eile a bheadh ar siúl. Arís agus arís eile cuireadh an cheist ar Bhríd arbh í iníon Phádraig Uí Bheolláin í. Choimeád siad os cionn na tine í go raibh siad sásta gurbh í í. Ach ní raibh Micheál leathshásta féin. Maidin an 15 lá d'iarr sé ar an sagart aifreann a rá sa teach d'fhonn ruaig a chur ar na drochspioraid. Níor tugadh an leid is lú don sagart go raibh aon drochobair ar siúl. Bhí scata istigh arís an oíche sin nuair a thosaigh an croscheistiú. Le teann buile chuir Micheál a bhean ar an tine agus chaith ola lampa uirthi. Shíl Micheál go n-éalódh an síogaí suas an simléar agus go dtiocfadh a bhean féin amach as an sí i gCoill na gCrannach sa chomharsanacht.

Níor sceith aon duine ar Mhicheál go dtí go bhfuarthas corp Bhríde in uaigh éadomhain míle ón teach. Gearradh fiche bliain ar Mhicheál agus téarmaí gearra ar cheathrar eile, a raibh athair Bhríde ina measc. Sampla ó shin é ar chumhacht na bpiseog in Éirinn na linne sin in ainneoin creidimh agus bunoideachais.

26 Bás Tim Healy, 1931. Banna Bheanntraí a thugtaí ar fheisirí áirithe as Beanntraí agus Béara le linn Pharnell: na deartháireacha A.M., T.D. agus Dónall Ó Súilleabháin, William Martin Murphy, na deartháireacha Tadhg agus Éamonn Ó hArrachtáin, agus Tim Healy. Nuair a thit Parnell cuireadh an milleán ar Healy go háirithe. *Who was it killed the Chief? / Says the Shan Van Vocht. / Who was it cried Stop Thief?/ Says the Shan Van Vocht. 'Twas Tim Healy's poisoned tongue / Our chieftain dead that stung, / Better men than him were hung / Says the Shan Van Vocht.*

27 An chéad léiriú (1860) de *The Colleen Bawn* le Dion Boucicault. Tá an dráma seo bunaithe ar úrscéal Gerald Griffin, *The Collegians* (1829) atá bunaithe ar eachtra a tharla 13/14 Iúil 1819: dúnmharú Eibhlín Ní Áinle. Chuir Eoghan Ó Neachtain aistriúchán den dráma i gcló ar an *Galway Pilot* in 1895 agus meastar gurbh é an chéad rud dá leithéid a cuireadh i gcló i nGaeilge.

28 D'fhág an long ghaile *Thames* Baile Átha Cliath le dul go Londain, an chéad bhád gaile a rinne an turas agus paisinéirí agus lasta ar bord, 1815.

29 Bás Charlotte Brooke sa Longfort, 1793. In *Historical Memoirs of the Irish Bards* déanann Joseph Cooper Walker tagairt sa réamhrá do bhean óg ar chuimhin léi lámhscríbhinní de laoithe Fiannaíochta a bheith ag oibrí de chuid a hathar. Bhíodh na laoithe seo á reic aige amuigh sna páirceanna agus scata timpeall air. Ní raibh tuairisc aici anois ar na lámhscríbhinní. Shíl Walker gur bailitheoir Albanach ('Scotch gleaner') a cheannaigh iad ar phraghas íseal. Charlotte Brooke ab ainm don bhean óg seo agus ba í a scríobh *Reliques of Irish Poetry* agus a tharraing aird a chéaduair ar sheanlitríocht na hÉireann i measc pobail nárbh eol dóibh a leithéid a bheith ann. Bhí sí ina ceannródaí roimh Ferguson, Davis, Edward Walsh agus aistritheoirí eile. Bhí na haistriúcháin a rinne sí go fíordhona ach ní bhaineann sin puinn dá hobair éachtach. Tamall beag roimhe sin a d'fhoilsigh James Macpherson an cnuasach de laoithe Fiannaíochta a chuaigh i gcion go mór ar aos liteartha a linne. Ach d'fhoilsigh Charlotte bunleaganacha na ndánta i dtreo nach mbeadh aon drochamhras ar a cnuasachsan. Ag cuimhneamh dúinn ar na daoine cliste go léir a bhí dall ar na seoda a bhí ina dtimpeall, conas a tharla gur ar Charlotte a thit sé teacht orthu? Iníon le Henry Brooke, scríbhneoir, ba ea í. *A child of his old age* a bhaist sí uirthi féin – bhí 21 eile clainne aige! Mionphíosa scríbhneoireachta ó lámh Henry is ea an ceoldráma *Jack the Giant-queller*. Foinn Ghaelacha atá leis na hamhráin go léir ann. Is dóigh gur cheolta iad a chloiseadh sé ina bhaile dúchais, Achadh Iúir. Agus b'fhéidir gurbh é Henry faoi deara spéis Charlotte sa teanga an chéad lá. Ón scoláire Muiris Ó Gormáin a d'fhoghlaim sí í. Nuair a d'éag a hathair chuir sí amú an mhaoin a fágadh le huacht aici trí bheith ag infheistiú i dtionscal an chadáis agus bhíothas ag iarraidh post a fháil di san Acadamh Ríoga. Ach is cosúil gur ghnóthaigh sí suim mhaith airgid ar a duanaire Gaeilge.

30 Daonáireamh 1851: 6,552,385 a bhí sa tír, titim 19.85% ó Dhaonáireamh na bliana 1841. Ba iad figiúirí 1841 an t-áireamh ab iontaofa go nuige sin. Níl aon rómheas ag staraithe ar na hiarrachtaí oifigiúla a rinneadh ar chomhaireamh in 1813, 1821 ná 1831.

31 Bás Aoidh Mhic Dhomhnaill, file is scríobhaí, 1867. Chum sé amhráin, scríobh sé priméar Gaeilge agus tráchtas fealsúnachta, agus bhailigh béaloideas. Tuairim 1802 a saolaíodh é i nDroim Goill in aice le Droim Conrach i gCo. na Mí. Bhí sé ag obair mar chigire Gaeilge don Eaglais Phreispitéireach i nGlinntí Aontroma. Tá cuntas ar a fheabhas a shaothraigh sé in éineacht le Roibeard Mac Ádhaimh ar son na teanga le léamh in *I mBéal Feirste Cois Cuain* (1968) le Breandán Ó Buachalla. Tá Aodh curtha i reilig Mhaigh Rath in aice leis an bhFál Carrach i dTír Chonaill.

AIBREÁN

1 Tiobraid Árann vs Gaillimh, Craobhchluiche Iomána na hÉireann, 1888. Trí bliana go leith roimhe sin a bunaíodh Cumann Lúthchleas Gael. Ach in ainneoin na spéise a bhí ag Micheál Ciosóg féin san iománaíocht is lúthchleasa is mó a bhí ag déanamh tinnis don Chumann. Gan amhras bhí cluichí á n-imirt idir na paróistí ach is beag a bhíothas a dhéanamh chun aird na tíre a tharraingt ar an bpeil ná ar an iománaíocht. Ansin i bhFeabhra 1886 bhí cluiche i mBaile Átha Cliath idir Tiobraid Árann Thuaidh agus Gaillimh Theas. Ba é an chéad chluiche tábhachtach sa phríomhchathair é le 74 bliana. As sin amach bhí cluichí dá leithéid á n-imirt go dtí ar deireadh gur cinneadh craobhchomórtais a bheith ann i rith 1887. Dosaen contae a chuir isteach orthu, seacht gcinn sa pheil agus cúig cinn san iománaíocht. Ba iad na cúig cinn sin: Loch Garman, an Clár, Tiobraid Árann, Gaillimh agus Cill Chainnigh. Ach cá raibh Corcaigh? Bhí deighilt sa chumann ansiúd. Agus Luimneach? Ba mhó a spéis sa liathróid mhór – ba iad a bhain an chéad chraobh sa pheil. D'éirigh le Gaillimh an cluiche ceannais a shroicheadh nuair a bhuaigh siad ar Loch Garman. Bhuaigh Tiobraid Árann ar Chill Chainnigh le scór a bhfuil cuma fhíorait

air: 4-7 in aghaidh 0-0. Thug sin an-mhisneach do na crústálaithe cloch, agus Domhnach Cásca 1888 thaistil siad ar thraein speisialta go Biorra chun aghaidh a thabhairt ar Ghaillimh. Deirtear nach raibh ag féachaint ar an gcluiche ach slua an-bheag agus go raibh caoi shuarach ar an bpáirc imeartha. Ach bhain teannas leis an imirt. Arís bhí an scór an-ait. Ag leath ama bhí cúilín amháin ag na Muimhnigh agus gan scór ar bith ag na Connachtaigh. Throid Gaillimh go dian sa dara leath. Ach nuair a d'éirigh le Tomás Ó hÉalaí cúl a chur isteach bhí an bua ag Tiobraid Árann le cúl agus dhá chúilín in aghaidh a náid.

2 Bunú Chumann na mBan, 1914. Úna Ní Fhaircheallaigh a bhí sa chathaoir ag an gcruinniú tionscanta ach d'éirigh sí as ballraíocht de dheasca na scoilte le Seán Réamoinn. I ndiaidh an Chonartha Angla-Éireannaigh bhí cáil an phoblachtachais ar an gCumann i gcaoi gur chuir fear barrúil síos orthu mar *The Women's and Childers Club*.

3 Thréig Murchadh Ó Briain, Tiarna Inse Choinn, cúis na Parlaiminte agus thug a dhílseacht arís don Rí i 1648. Ceithre bliana roimhe sin d'aistrigh sé go taobh na Parlaiminte. Ní mór é a áireamh ar Thadhganna móra an Dá Thaobh i stair na hÉireann. D'iompaigh ina Chaitliceach sa deireadh in ainneoin bhagairt Rinuccini uair go ndéanfaí coinnealbhá ar aon duine a phléifeadh téarmaí síochána leis.

4 Turas an *Sirius* trasna an Atlantaigh, 1838. Dhá chéad bliain ó shin bhíodh bád gaile ag iompar paisinéirí trasna na Delaware. Ach is mór idir abhainn agus farraige. Agus is mór idir farraige agus aigéan. Le haghaidh turais ghairid níor ghá ach lasta éadrom guail. Bhí uisce i gceist freisin. Bheadh ar na mairnéalaigh an salann a ghlanadh as na coirí an-mhinic dá n-úsáidtí sáile, agus lena linn sin bheadh an bád i muinín na seolta arís. Ba í an *Savannah* an chéad ghaltán a thrasnaigh an tAtlantach soir ó Nua-Eabhrac, ach bhí sí ag brath ar na seolta seacht lá as gach ocht. Scór bliain ina dhiaidh sin bhí péire mórlong le dul in iomaíocht, siar an babhta seo, an *Queen* agus an *Great Western*. Tharla nach rabhthas réidh go fóill le tógáil an *Queen*, iarradh ar an *Sirius* a bheith sa rás. Tógadh ar cíos í ó chomhlacht Éireannach agus is Éireannach, Richard Roberts ón bPasáiste Thiar, a bhí ina chaptaen uirthi. Cuireadh 450 tonna guail ar bord i gCorcaigh, lasta nach raibh sábháilte. Bhí céad paisinéir ar bord. D'éirigh leis an *Sirius* 200 míle sa lá a dhéanamh sna laethanta tosaigh. Ach ídíodh an gual ar fad sula rabhthas ar radharc talún. Ní thógfadh Roberts na seolta ach dhóigh na sparraí adhmaid. Ach nuair a bhí radharc féin acu ar Mheiriceá, rith an bád ar oitir ghainimh. Ceithre lá i ndiaidh don *Sirius* slán a fhágáil ag Corcaigh is ea a d'fhág an *Great Western* Briostó. Bhí sí ag breith suas ar

an ngaltán beag. Ní raibh sa deireadh eatarthu ach cúpla uair an chloig. Ní hamháin gur bhuaigh an *Sirius* an rás ach thaispeáin sí gurbh fhéidir fadhb an uisce a réiteach trí chomhdhlúthadán fíoruisce a bheith ar bord chun uisce a fháscadh as an atmaisféar. Ach ba léir freisin gur ag na longa móra a bheadh na buntáistí go léir, agus chaith an *Sirius* a raibh fágtha dá saol idir Éire agus an Bhreatain go dtí gur briseadh í in aice Bhaile Choitín i gCorcaigh i mí Eanáir 1847. Cuireadh suas leacht in onóir don Chaptaen Roberts ar an bPasáiste i gCo. Chorcaí.

5 Oscailt chistin anraith Alexis Soyer, an Bheairic Ríoga, Baile Átha Cliath, 1847. In aice le Páras a rugadh Soyer, in 1809. Faoi 1840 bhí sé ar dhuine de na cócairí ba cháiliúla ar domhan. Míle punt, suim ábhalmhór san am, an tuarastal bliana a bhí aige ón Reform Club i Londain. Nuair a chuir siad dinnéar ar siúl in onóir do Dhónall Ó Conaill in 1844 chuir sé sa bhiachlár *soufflé monstre à la Clontarf.* I rith an Drochshaoil tugadh saoire dó chun bheith ag saothrú ar son bhoicht na hÉireann. Scríobhadh na línte seo ina thaobh i mbailéad ardnósach: *For though the rich thy art did claim / Thou heardst the poor man's cry.* Scríobh sé leabhar faoi na haistí bia a d'oirfeadh do dhaoine bochta, *The Poor Man's Regenerator.* Ná fiafraigh an raibh léamh ná scríobh ag na boicht, gan trácht ar luach an leabhair! Bhí sé in Éirinn ó Aibreán go Lúnasa 1847. D'éirigh leis anraith beathaitheach a réiteach nach gcosnódh ach trí fheoirling an cárt. Agus phleanáil sé cistin anraith, bothán adhmaid a raibh 2000 troigh chearnach ann, ar chistin agus bialann in éineacht é. Bhí áit ann do chéad ag ól anraith as babhlaí le spúnóga a bhí ceangailte de na boird. Ar a mbealach amach bhíodh brioscaí agus arán le fáil ag daoine. Meastar gur tugadh 1,250,000 béile do na boicht sula ndeachaigh Alexis ar ais go Sasana. Cuimhnítear air freisin mar gurbh é a mhúin cócaireacht d'Arm na Breataine. Bhí cuntas William Russell (fear as Tamhlacht) ar a dhonacht a bhíothas ag beathú na saighdiúirí sa Chrimé léite aige agus bheartaigh sé tamall a chaitheamh ann. D'fhéadfaí a rá go raibh sé inchurtha le Florence Nightingale féin ó thaobh líon na ndaoine a shábháil sé lenar mhúin sé den chócaireacht. Ba Éireannaigh cuid mhór de na saighdiúirí sin. D'éag Soyer go luath i ndiaidh dó filleadh ón gcogadh ach bhí an sorn a thionscain sé le haghaidh pháirc an chatha in úsáid go fóill le haghaidh cócaireachta míleata ochtó bliain i ndiaidh a bháis.

6 Dúnadh na Canála Ríoga, 1961. Cad chuige an dá chanáil ag dul siar ó Bhaile Átha Cliath? Bhí an Mhórchanáil ann ar dtús. Deirtear gur thit John Binns amach lena chomhstiúrthóirí agus gur mhionnaigh go dtógfadh sé canáil nua chun monaplacht na Mórchanála a bhriseadh. Tá dhá dhroichead ainmnithe as an bhfear céanna. Faoi dhaichidí an chéid seo caite bhíothas ag déanamh brabaigh, ach nuair a cuireadh tús le comhlachtaí na

n-iarnród cheannaigh comhlacht díobh an Chanáil Ríoga gur rith líne ar feadh a cuid port. Nuair ba le haon dream amháin an dá chóras níor bhaol go mbeadh aon iomaíocht idir báid agus traenacha. Faoi 1961 ní raibh ach péire bád ar an gCanáil Ríoga.

7 Feallmharú Thomas D'Arcy McGee, 1868. Bhí sé ar dhuine d'iriseoirí agus d'fhilí na nÉireannach Óg. I ndiaidh 1848 d'éirigh leis éalú go Nua-Eabhrac. Níor thaitin le Gaeil na cathrach sin gur chuir sé teip an Éirí Amach i leith na sagart. Faoi 1868 bhí sé ar dhuine de pholaiteoirí tábhachtacha Cheanada. Nuair a cháin sé go géar na Fíníní toisc go ndearna siad ionradh ar Cheanada rinneadh é a lámhach taobh amuigh dá theach in Ottawa.

Áirse sa Chladach i nGaillimh

8 Bás Ruairí Uí Fhlaithearta, 1718. Shíolraigh Flaitheartaigh Mhaigh Cuilinn ó Eocha Muighmheadhon, athair Néill Naoighiallaigh. Dúirt Ruairí nach raibh i stair na dtíortha eile ach rud nua naíonda i gcomórtas le stair na hÉireann. Agus é ag féachaint ar a raibh ina thimpeall sa Spidéal is dóigh go ritheadh sé leis gur bheag ab fhiú dó a bheith ag maíomh gaoil leis na seanríthe. I gcaisleán Mhaigh Cuilinn a rugadh é agus tháinig sé in oidhreacht Mhaigh Cuilinn nuair a bhí sé dhá bhliain d'aois. Ag déanamh léinn i scoil Alastair Uí Loingsigh i nGaillimh faoin scoláire mór an Dubhaltach Mac Fir Bhisigh a chaith sé a óige. Ní raibh páirt aige in aon troid ná comhcheilg ach i ndiaidh Chromail chaill sé gach acra dá raibh

aige. Cé go bhfuair sé cuid den talamh ar ais tar éis achomhairc, bhíodh an oiread sin cánach le híoc aige go raibh sé bocht dealbh. 'Níl ionam ach duine ar deoraíocht laistigh de theorainneacha a dhúiche féin ag féachaint ar dhaoine eile ag éirí ramhar ar a dhúchais, é ina dhíol trua ag a chairde gaoil'. Ach in ainneoin na bochtaineachta lean sé air ag cosaint an náisiúin Ghaelaigh ar scríbhneoirí Béarla. Dúirt Borlase, mar shampla, nach raibh inár sinsir ach gadaithe barbartha. Mailís agus mioscais bhunaidh a thug Ruairí ar an meon sin. Is i saothar scríofa Ruairí a fuair Sasanaigh an chéad léargas ar ár seanstair ó scríbhneoir a raibh léann na hÉireann aige. I Laidin a scríobh sé an leabhar *Ogygia* (1685) agus é tiomnaithe do Shéamas Diúc York. Shíolraigh siad beirt ó na seanríthe agus rith sé leis, ní foláir, mar a rith sé lena chomhaimsearthaigh, go dtiocfadh cabhair chuige ó na Stíobhartaigh. I nDeireadh Fómhair 1994 cuireadh suas leacht sa Spidéal do thriúr de laochra litríochta agus seanchais an cheantair: Ruairí, Eoghan Ó Neachtain agus Máirtín Ó Cadhain.

9 Bás an Ardeaspaig Liam Breathnach, 1921. Bhí Rialtas na Breataine ag iarraidh a cheapachán i mBaile Átha Cliath a thoirmeasc. Ach bhagair an tArdeaspag Cróc ar an bPápa go mbeadh sé ina achrann polaitiúil in Éirinn agus sna Stáit Aontaithe mura gceapfaí é. Anuas air sin ba é rogha shagairt na deoise é agus bhaineadh tábhacht leis sin sa Róimh fadó. Bhí sé in aghaidh Parnell, ceart go leor, ach cuimhnítear freisin ar a ndúirt Eoin Mac Néill i 1905, gur chabhraigh an t-ardeaspag riamh leis i ngach rud dá ndearna sé go poiblí is go príobháideach ar son na teanga.

10 Rugadh George Russell, fáidh, fealsamh, file, 1867. Chuir sé eolas ar shaol na tuaithe agus é ina thimire ag na comharchumainn. Bhí fear, mar shampla, ag iarraidh iasacht airgid chun culaith a cheannach – cuspóir neamhtháirgiúil, dar leis an gcomharchumann. Ach mhínigh an créatúr go bhféadfadh sé cleamhnas a dhéanamh le bean a raibh dhá acra, muc agus £25 aici ach culaith nua a bheith aige.

11 Cuairt William Morris, file, péintéir, sóisialaí, ar Bhaile Átha Cliath, 1886. Tá cur síos ar an gcuairt seo i gcín lae an Chraoibhín. Labhair Morris os comhair 800 fear oibre i gclub a bhí acu. Chuir sé fearg ar a lán díobh mar go raibh sé ag maslú an chreidimh, dar leo, agus ní éistfidís lena chuid freagraí. Dar leis an gCraoibhín nach raibh aon chathair san Eoraip a mbeadh fir oibre ann ag cur in aghaidh an tsóisialachais mar gheall ar phointí creidimh. Gan amhras níor fhan Morris chun cúpla pionta a ól leis na hoibrithe, ach d'imigh in éineacht leis an gCraoibhín agus a chairde chuig an Contemporary Club. Bhí sé á chroscheistiú ag na baill ansin go dtí leath i ndiaidh a dó ar maidin. B'ait leis an gCraoibhín cuid mhaith de

na tuairimí a bhí aige: gur leis an bpobal gach mórshaothar ealaíne; faoin sóisialachas nach mbeadh an dochtúir leighis pioc níos saibhre ná an fear a bheadh ag smearadh a chuid bróg; go mbeadh íosphá ann; go saothródh sclábhaí grúdlainne tríocha scilling sa tseachtain ach gur phingin an t-uasphraghas ar phionta; nach mbeadh aon dlíthe ann ná aon choirpigh; nach mbeadh aon chonradh dlíthiúil idir fear agus a bhean.... Nuair a thuirsigh na baill den rámhaille seo, mar a mheas siad, d'imigh an Craoibhín go dtí lóistín cara leis gur fhan ag cur is ag cúiteamh go dtí a ceathair a chlog ar maidin.

12 Rugadh Claud Cockburn, 1904. Éireannach oinigh ba ea é, é pósta ar Chorcaíoch agus cónaí orthu in Eochaill. B'fhéidir gurbh í an tréimhse ab eachtrúla ina shaol na seacht mbliana a chaith sé ina eagarthóir ar a iris féin *The Week*. Le £40 a bhunaigh sé í. Ní íocadh sé aon chomhfhreagraí. Roinnt leathanach, stionsalaithe i gcló donn, a bhí inti. Ach ba ghairid go raibh ambasadóirí, airí rialtais agus go fiú an Rí Edward VIII á ceannach. I bhfíorthosach an dara Cogadh Domhanda cuireadh cosc ar 'mhonarcha na mbréag' mar a thugadh daoine uirthi.

13 Fuascailt na gCaitliceach, 1829. Roimhe sin bhíothas ag tabhairt faoisimh dóibh de réir a chéile. Bhí cead úinéireachta talún acu agus cead é a fhágáil le huacht, agus cead scoileanna a bheith acu, mar shampla. Roimh dheireadh an 18ú haois bhí an vóta ag cuid acu agus deireadh leis na baic dhlíthiúla a bhí orthu. Bhrostaigh Réabhlóid na Fraince cuid de na feabhsuithe sin. Ba mhór an dul chun cinn é, ba dhóigh leat, go raibh £8000 sa bhliain á thabhairt ag an rialtas do Choláiste Phádraig, Maigh Nuad. Ach gan amhras bhí aon rud amháin go speisialta nár cheadaithe do Chaitlicigh, mar a bhí cead suí sa Pharlaimint. Agus go fiú na constaice sin chuirfí ar leataobh í ach cead a bheith ag an rialtas bac a chur ar cheapachán aon easpag ar leith. Ba é Dónall caoin Ó Conaill binn a d'fhuascail Caitlicigh ar deireadh nuair a bhuaigh sé an toghchán stairiúil sa Chlár ar 5 Iúil 1828. Ach chonacthas do Robert Peel go mbeadh ina réabhlóid in Éirinn mara dtabharfaí acht faoisimh eile isteach agus deireadh a chur leis an mionn a chaithfeadh gach ball parlaiminte a thabhairt, mionn nach raibh inghlactha ag Caitlicigh. Bhí mionn den chineál céanna riachtanach do bhunús na bpost poiblí. Bhí breis is 2000 de na poist sin ag Protastúnaigh agus níos lú ná 40 ag Caitlicigh. Ach bhí an scéal casta. Bhí cuid mhór Protastúnach ag tacú le feachtas na gCaitliceach; agus bhí Acht Faoisimh 1829 frith-Chaitliceach ar bhealaí áirithe – ní bheadh cead acu searmanas a reáchtáil amuigh faoin aer, mar shampla. San am céanna ritheadh acht a laghdaigh líon na vótálaithe, laghdú a chuir isteach ar fheirmeoirí go háirithe.

14 An *Titanic*, 1912. I mBéal Feirste a tógadh í agus nuair a lainseáladh í 5 Bealtaine 1911 measadh gurbh í féin agus an *Olympia* na soithí ba mhó ar domhan. Measadh nárbh fhéidir an *Titanic* a bhá. Bhí 2340 duine ar bord agus bádh 1513 acu. Fiafraíodh conas gur tháinig stiúrthóir bainistíochta chomhlacht White Star Line slán i gceann de na báid tarrthála agus gur bádh 160 as 180 paisinéir Éireannach.

15 Bás Mrs Mary Delany, 1788. Baintreach shaibhir ó Shasana dar sloinne Pendarves ba ea í nuair a phós sí an Dr Urramach Patrick Delany, an seanmóirí ab fhearr in Éirinn, dar lena chara Swift. Foilsíodh sé imleabhar dá chuid litreacha idir 1860 agus 1861 agus is foinse eolais iad ar an 18ú haois. Foilsíodh cuid díobh faoin teideal *Letters from Georgian Ireland* i 1991.

16 Ruathair bhuamála ar Thuaisceart Éireann agus ar Bhéal Feirste go háirithe, 1941. Tharla na chéad ruathair coicís roimhe sin. Maraíodh 750 i mBéal Feirste oíche an 15-16 Aibreáin agus bhain drochghortú do bhreis is 500. Iarradh cabhair ar rialtas na hÉireann ar a dó a chlog ar maidin agus chuir de Valera 13 aonad múchta dóiteáin ó thuaidh in ainneoin gurbh fhéidir a mhaíomh gur sárú neodrachta a bhí ann.

17 Bás Sheáin Uí Choileáin, file, sa Sciobairín, 1817. Murach 'Machnamh an Duine Doilíosaigh' ní bheadh an oiread tráchta air. Níl a leithéid eile de dhán i litríocht Ghaeilge na haimsire sin. Tá daoine ann a déarfadh nach ionadh ar bith é sin agus gur dán Béarla é dáiríre. Is ionann meon dó agus do 'Elegy in a Country Churchyard' le Grey. Míniú a thugtar ar a chosúla atá siad le chéile gur thug an sagart paróiste cóip den dán Béarla don Choileánach agus gur thug a dhúshlán a chómhaith a scríobh i nGaeilge. Míniú eile is ea gur chum cara leis an bhfile, an tAthair Maitiú Ó hArgáin, dán Béarla agus gur iarr ar an bhfile é a chur i nGaeilge. Deirtear arís nárbh é a scríobh in aon chor é. Ach pé scéal é, is cinnte gurb é meon 'Grey's Elegy' a dhéanann dán inspéise de 'Machnamh an Duine Doilíosaigh'. An pointe is láidre ar son na hargóinte gur bundán Gaeilge é agus gurbh é an Coileánach a scríobh is ea gur duine doilíosach a bhí ann i ndáiríre. Bhí deirfiúr a chéile in aontíos leo. Cibé míshonas nó méiseáil a bhí ann dá bharr, shiúil a bhean amach as an teach. D'fhan an deirfiúr mar bhean chéile aige. D'imigh an file chun drabhláis agus chuir sise an teach trí thine gur cailleadh idir leabhair agus lámhscríbhinní. Ar nós go leor de na seanmháistrí réiciúla bhí tamall caite ag Seán ar an Mór-Roinn ag foghlaim le bheith ina shagart.

18 Tús le Léigear Dhoire, 1689. Lean sé go 31 Iúil: 105 lá. D'fhógair na saoránaigh a ndílseacht don Rí Liam ar 21 Márta agus tháinig gealltanas uaidhsean go dtabharfadh sé lántacaíocht dóibh. Robert Lundy, Albanach, a bhí i gceannas an gharastúin. Bhí an dea-shaighdiúir seo i gcás idir dhá chomhairle: cé acu do Liam nó do Shéamas a thabharfadh sé a dhílseacht. Faoi lár Aibreáin bhí smacht ar an tír thart ar an gcathair ag fórsaí Shéamais. Bhí Séamas féin ar a bhealach ar ais go Baile Átha Cliath ach cuireadh scéal chuige gur bheag amhras a bhí ann ach go n-osclófaí geataí Dhoire dó. Chuir sé an turas 60 míle de ar muin capaill gur shroich imeall na cathrach maidin an 18ú lá. An lá roimhe sin rinneadh tairiscint do na saoránaigh go bhfágfaí faoi shíocháin iad ach iad a gcuid airm agus capall a thabhairt suas. Bhí freagra le tabhairt um nóin lá arna mhárach. Aontaíodh nach dtiocfadh fórsaí Shéamais faoi cheithre mhíle den chathair. Ach bhí Séamas féin agus a shaighdiúirí díreach tagtha agus níorbh eol dóibh go raibh an coinníoll sin ann. Chuaigh siad róghar do na ballaí agus scaoil na cosantóirí leo gur mharaigh roinnt acu. Má bhí easaontas idir mhuintir na cathrach roimhe sin, is ag an dream a bhí in aghaidh géilleadh a bhí an lámh in uachtar anois. Nach raibh an comhaontú sealadach sáraithe ag Séamas? Is doiligh a chreidiúint ach is cosúil go raibh 30,000 duine istigh sa chathair ar feadh an léigir. Cuma dronuilleoige a bhí ar an áit, é 500 slat ar leithead agus 300 slat ar fad. Fágann sin go raibh duine ann in aghaidh gach cúig shlat chearnach.

19 Foilsíodh dán Charles Wolfe (1791-1825), 'The Burial of Sir John Moore', ar an *Newry Telegraph*, 1817. Bhí gaol ag an bhfile le Wolfe Tone. I mBaile Átha Cliath a rugadh é agus dúirt Byron gurbh é an dán seo aige an óid ab fhearr sa Bhéarla. Bhí sé sna seanleabhair léitheoireachta scoile ar fad. Níl an líne dheireanach rófhileata. *Slowly and sadly we laid him down, / From the field of his fame fresh and gory; / We carved not a line, and we raised not a stone – / But we left him alone in his glory!*

20 Bás Bram Stoker, 1912. Deirtear gur spreag úrscéal Joseph Sheridan Le Fanu, *Carmilla*, é chun *Count Dracula* a scríobh. Is inspéise gur i mBaile Átha Cliath a rugadh an bheirt acu. Cosúlacht a bhí acu le chéile, seachas an vaimpíreachas is ea go mbídís araon ag obair don *Dublin Evening Mail*. Bhí post ag Stoker i gCaisleán Bhaile Átha Cliath agus is mar sin a tharla gur scríobh sé *The Duties of Clerks of Petty Sessions in Ireland*, leabhar ba mheasa ná *Dracula*, ní folair, chun uamhan agus imeagla a chur ar léitheoirí.

21 Rugadh Pádraig Ó Brolcháin, 1876. Ceapadh an státseirbhíseach seo ina phríomhoifigeach i gceannas ar an mbunoideachas i 1922. B'aisteach an ceapachán é sa mhéid nárbh oideachasóir ná múinteoir é. Ach múinteoir cáiliúil ba ea a chéile Máire Ní Chillín. Ar Phádraig is troime a thit ualach Ghaelú an bhunoideachais. Ba é a thionscain na coláistí ullmhúcháin agus is iomaí duine a déarfadh gur thubaiste é tréigean an chórais sin sna luathsheascaidí.

22 Bás Bhiddy Early, bean feasa, san Fhiacail, 1874. Ó Conchubhair ba shloinne di ach toisc gur óna máthair a thug sí léi tíolacthaí an fheasa agus an leighis ní thugtaí uirthi riamh ach Biddy Early. Is amhlaidh a tháinig an mháthair chuici ina codladh le hinsint di i dtaobh an bhuidéil a dhéanfadh maith ar dhaoine ach gan a rún a ligean le haon duine. Faoin am a bhfuair a tuismitheoirí bás bhí eolas ag Biddy ar luibheanna, ar choirteacha crann agus ar na saghsanna caonaigh go léir a raibh leigheas iontu. Ba ghairid go raibh cáil uirthi. Cailín dathúil rua ba ea í. Ach phós sí an bhaintreach fir a raibh sí ar aimsir aige, in ainneoin mac aige a bhí beagnach ar aon aois léi féin. Na daoine a thagadh ag iarraidh leigheasanna is min nó plúr nó poitín a thugaidís di. Bhí geasa uirthi gan glacadh le hairgead. Nuair a thosaigh a fear ag ól an phoitín ní fada eile a mhair sé. Phós sí an leasmhac. An poitín ba thrúig bháis dósan freisin. Ceithre huaire a phós sí agus bhí an fear deireanach daichead bliain níos óige ná í. An tríú fear díobh an t-aon duine nárbh é an poitín a mharaigh é. Baintreach arís a bhí inti féin ar deireadh. Nuair a bhí sí ag saothrú an bháis glaodh ar an sagart paróiste. Chaith seisean an buidéal mórcháiliúil isteach sa loch agus an Club Sub Aqua féin níor éirigh leo teacht air. Nár theagmhaí an mí-ádh le haon dá léifidh an cuntas seo!

23 Rugadh William Shakespeare, 1564. Thuairmítí gur thug sé cuairt ar Eochaill sa bhliain 1599 in éineacht le scata aisteoirí. Ochtó bliain ó shin scríobh duine darb ainm Lawrence monagraf faoin gcuairt. Tá leabhar ag an bPluincéadach a liostaíonn gach tagairt dá bhfuil ag an drámadóir d'Éirinn. Tá go leor acu sna hamhráin, aon cheann déag díobh, más fíor. Is dócha go bhfuair sé iad i leabhair amhrán de chuid na linne. Nuair a casadh an Francach ar Phistol ar pháirc an chatha in *Henry V* theastaigh uaidh a thaispeáint go raibh na teangacha aige féin chomh maith le duine agus scairt sé amach 'Calen Ó custure me'. Cuid de churfá amhráin é. Shíl an scoláire Gearóid Ó Murchú gurb é is brí leis 'Cailín ó Chois tSiúire mé'. Táthar ag argóint go fóill faoi. Is trua é ach tá sé ródheireanach anois a mhaíomh gur Ghael ba ea Shakespeare!

24 Rugadh Anthony Trollope, 1815. Chun an tseirbhís poist a bhunú a tháinig sé go hÉirinn. Bhí an pá beag ach d'fhaigheadh sé liúntas fial taistil. Ar muin capaill a thaistealaíodh sé, rud a chuir feabhas ar a shláinte. I nDroim Snáthaid in aice le Cora Droma Rúisc a tháinig éirim an chéad úrscéil chuige. Tríd is tríd thaitin saol na hÉireann leis, fiú nuair is ag déileáil le clamhsánaithe a bhíodh sé. Bhí fear díobh sin i gCo. an Chabháin nach stopadh ach ag fáil locht ar an bpost. Ar deireadh b'éigean do Trollope a aghaidh a thabhairt ó thuaidh i lár an gheimhridh chun é a shuaimhniú. Faoin am ar bhain sé an teach mór tuaithe amach bhí sé ag cáitheadh sneachta. Chuir an seanghearánaí fáilte croíúil roimhe. Sórt scuibhéara ba ea é. Chuaigh Trollope i mbun gnó láithreach. Ach ní éistfí leis. Chaithfeadh sé gloine branda a ól ar dtús, lá chomh dona leis. Thosaigh Trollope arís ach arís cuireadh dá bhuille é. Suas chuig seomra codlata ansin mar a raibh morc tine. Dinnéar ansin agus neart fíona agus iníon an tí ag amhránaíocht go binn. Bhí an gearánaí ag míogarnach faoin am a shíl Trollope an gnó a thug ann é a phlé. Ar maidin rinne an seanduine gáire croíúil. Ná bodhraíodh Mister Trollope a cheann bocht i dtaobh na ngearán seo, a dúirt sé. Is beag eile caitheamh aimsire a bhí aige seachas a bheith ag scríobh chuig maorlathas an phoist.

25 Stailc ag póirtéirí, ag gardaí agus ag fir chomharthaíochta Mhór-Iarnród an Deiscirt agus an Iarthair, 1890. Lean sé go 24 Bealtaine. Ba iad an tArdeaspag Breathnach agus Micheál Daibhéid na fir eadrána ar éirigh leo deireadh a chur leis an stailc seo.

26 Oscailt Stáisiún Craolacháin Chorcaí (6CK), 1927. I sean-Phríosún na mBan i dTobar Rí an Domhnaigh a bhí an stiúideo. Ní foláir nó bhraith stiúrthóir an stáisiúin, Seán Neeson, gur sa bhaile a bhí sé: bhí tamall caite aige i ngéibheann ann i rith Chogadh na Saoirse. Ach anois is i seomraí cónaithe ghobharnóir an phríosúin a bhí sé lonnaithe.

27 An chéad chairt ag Béal Feirste, 1613. Bhí caisleán ann ag muintir Néill agus sin a raibh san áit. Bronnadh é ar Sir Arthur Chichester, ceannasaí an gharastúin i gCarraig Fhearghais, i 1603, chomh maith le tailte fairsinge. Ba é siúd bunaitheoir na cathrach. Faoi 1659 bhí daonra 589 ann, 1000 faoi dheireadh an chéid, 8000 faoi 1750 agus 18,000 faoi dheireadh an chéid sin. Tá léargas ar an tábhacht chultúrtha a bhain leis an mbaile ó 1760 anuas go lár an 19ú haois ag Breandán Ó Buachalla in *I mBéal Feirste Cois Cuain*, 1968

28 Cloch bhoinn Choláiste na hEolaíochta, Sráid Mhuirfean Uacht., Baile Átha Cliath, 1904. Tá an foirgneamh seo anois ina oifigí rialtais.

Béal Feirste – Taobh Aontroma den Lagán

29 Rugadh Wellington i mBaile Átha Cliath, 1769. Bhí na Sasanaigh chomh buíoch sin de gur thug siad eastát mór dó. Nár bhuaigh sé ar Napoléon? Tá sé ar na ginearáil is mó dár mhair riamh. Ach cén sórt duine é? Bhain uaisleacht leis i gcaoi go gcaithfeadh sé an rud uasal a dhéanamh, ba chuma chomh hamaideach leis an rud sin. Nuair a bhí sé 24 bliana d'aois d'iarr sé ar Kitty Pakenham é a phósadh. Dhiúltaigh sí. I gceann 13 bliana d'iarr sé a lámh arís. Pósadh míshona a bhí ann agus deirtear gurb é an fáth ar iarr sé an dara babhta í gurbh é a dhualgas onóra é. Duine an-choimeádach sa pholaitíocht a bhí ann ach ní raibh sé biogóideach. Cé gur bheag den liobrálachas a bhí ann ba é a thug ar na Tóraithe aontú le fuascailt na gCaitliceach in 1829 ar mhaithe le leas an náisiúin. Bhí grá aige do Shasana, don choróin agus don impireacht. 'Deachtóireacht an tírghrá' a tugadh ar an stíl rialaithe a chleachtadh sé. Cé go raibh sé ina phríomh-aire ar feadh na mblianta fada is cosúil gur dhuine simplí macánta é. Níorbh aon ghinias polaitiúil é ach bhí bua aige atá níos comónta ná intleacht agus ná clisteacht, ciallmhaireacht. Ní dhéanadh sé fail11 sna nithe

beaga. Ní ligeadh sé don éirí in airde é a chur ar strae. Bhí iontaoibh ag daoine as. 'Nosey' ba leasainm dó agus dúirt oifigeach amháin gurbh fhearr leis a gheanc a fheiceáil ar láthair an chatha ná 10,000 saighdiúir. Ach sa tsioc leis na suáilcí seo go léir! Ní mhaithfidh Éireannaigh dó gur dhúirt sé uair nár ghá gur capall duine toisc díreach gur i stábla a rugadh é. Má dúirt sé riamh é!

30 D'fhill Jim Larkin ó Stáit Aontaithe Mheiriceá, 1923. Bhí naoi mbliana caite aige ar deoraíocht. Le linn dó a bheith i bpríosún Sing Sing thall thoghtaí é gach bliain ina ardrúnaí ar Cheardchumann Iompair agus Ollsaothair na hÉireann ach tar éis dó filleadh abhaile cuireadh amach as an gcumann sin é agus bhunaigh sé Ceardchumann Oibrithe na hÉireann.

BEALTAINE

1 Lá breithe Amhlaoibh Uí Shúilleabháin, 1780. Duine de dhialannaithe móra na hÉireann. Ní haon spreagadh croí na hiontrálacha a scríobh sé cothrom an lae a rugadh é, 1827: 'Mí na Bealtaine an chéad lá, lá na liathróide agus na craoibhe Bealtaine, sé sin comhghairm an lae inar rugadh mise Amhlaoibh Ó Súilleabháin'. Ar aghaidh leis ansin le cur síos ar an aimsir, ar sceacha, ar chrainn agus ar thorthaí. 'Drochaonach i Muileann na hUamhan, mórchuid airnéise gan díol, airgead gann... na Cumracha, Sliabh na mBan, Stua Laighean, an Staighre Dubh leathmhúchta i néalta...'. Is léir nár nós le daoine fadó aon éirí amach a dhéanamh ar a laethanta breithe. Is iomaí Lá Bealtaine a chuirfeadh an iontráil in 1829 i do cheann. 'Lá geimhriúil, gaoth fhuar aniar: is beag de chuma an tsamhraidh air. Tá an draighneán donn gan duilliúr agus ar bheagán bláth, an sceach gheal gan bhláth agus ar bheagán duilliúir; an chuach gan cloisint; an féar gan feiscint, ach beagán; obair earraigh ar deireadh; an scológ ar mire; an bhó gan bleacht gan bainne.' An tÉireannach a léann saothar Amhlaoibh feiceann sé gurb í an aimsir ghuagach chéanna i gcónaí againn í, ardú meanman á thabhairt aici maidin amháin agus lagar spride lá arna mhárach. Bhí 130 scoláire ag Amhlaoibh i gCalainn an chlampair ach ar deireadh is ceannaí maith láidir a bhí ann. Bhí sé fial le bochtáin agus bhí trua aige

don té a bhí thíos. Na rudaí is neamhchoitianta ar fad dár bhain leis gur scríobh sé prós chomh breá sin, gur choimeád sé cín lae, agus sin i nGaeilge.

2 Bás an Dr Uaitéar Mac Domhnaill, 1920. D'fhéadfaí a rá gur shagart roimh a am é. Ní thabharfaí *imprimatur* do leabhair a scríobh sé ar ábhair a raibh sé ina shaineolaí orthu. Bhí sé ar son Parnell nuair a bhí na heaspaig á dhamnú. Thacaigh sé le Micheál Ó hÍceadha nuair a briseadh as a phost i Maigh Nuad é. Bhí sé ar son Larkin agus a cheardchumainn. Shíl sé gur cheart Caitlicigh a ligean isteach i gColáiste na Tríonóide. Ní dhearnadh iarracht riamh é a bhriseadh as a ollúnacht i Maigh Nuad.

3 Rugadh Uaitéar Ó Maicín, 1916. Fear iléirimiúil: drámadóir Gaeilge agus Béarla, úrscéalaí, aisteoir, bainisteoir ar Thaibhdhearc na Gaillimhe. D'éag sé 22 Aibreán 1967.

4 Taispeántas Idirnáisiúnta i nDroichead na Dothra, 1907. Bhí Sinn Féin agus Conradh na Gaeilge ina aghaidh go mór á rá go ndéanfadh sé dochar do dhéantúis na hÉireann. Ag mórchruinniú sna Ancient Concert Rooms i 1904 bhí réiteach á dhéanamh le haghaidh an taispeántais ag leithéidí William Martin Murphy agus Iarla Dhroichead Átha agus iarradh ar phóilíní déileáil le náisiúnaithe a bhí ag cur isteach ar na cainteoirí. Ag Oireachtas 1907 ní ligfí d'fhidléir mná ná do bheirt phíobairí seinm toisc gur shaothraigh siad táille ag an taispeántas úd.

5 Rugadh Séamas Ennis, 1919. Nuair a ceapadh é i 1947 ar fhoireann Radio Éireann bhí printíseacht fhada curtha isteach aige. San Aill i dtuaisceart Cho. Bhaile Átha Cliath, mar a raibh feirm ag a mhuintir, a rugadh athair Shéamais, ar phíobaire cáiliúil é freisin – bhí sé páirteach i gclár 2RN Lá Caille 1926 nuair a seoladh an stáisiún nua craolacháin. Nuair a phós seisean d'aistrigh sé isteach ón bhfeirm go dtí Fionnghlas. Ceantar tuaithe ba ea é go fóill agus is ann a rugadh Séamas óg. Ceol na píbe a chuireadh a chodladh é gach oíche. Thagadh ceoltóirí chuig an teach, cuid acu ag foghlaim na píbe. Duine de na foghlaimeoirí sin ba ea an foilsitheoir iléirimiúil Colm Ó Lochlainn. Uaidhsean a thosaigh Séamas ag foghlaim na n-amhrán. I Ros Muc a chaitheadh an teaghlach laethanta saoire an tsamhraidh. Nollaig amháin fuair sé píb uilleann mar fhéirín agus d'fhoghlaim í as a stuaim féin. Tar éis oideachas a fháil i scoileanna lán-Ghaelacha fuair sé a chéad phost i gcomhlacht Choilm Uí Lochlainn ag ceartú profaí. Ba é an dara post aige a bheith ag bailiú ceoil don Choimisiún Béaloidis. Thart ar Ghlinsce agus Charna a rinne sé an chuid ba mhó den saothar a d'fhág sé ina dhiaidh. Ba é a bhailigh tuairim 500 de na hamhráin atá liostaithe ag Ríonach Ní Fhlathartaigh in *Clár amhrán Bhaile na hInse,*

1976. Trí phunt sa tseachtain a thuarastal agus d'imíodh a leath ar lóistín. Ní bhíodh costais le fáil agus tá a fhios ag an saol gur deacair ceol agus amhráin a spreagadh gan deoch a cheannach ná pluga tobac fiú. Ach bhí an phearsantacht ag Séamas chun tairbhe a bhaint as a bheith ag obair le daoine sa mhóinéar nó ar an bportach, é ag bailiú ábhair ar feadh an ama.

6 An chéad eagrán den *Skibbereen Eagle,* 1857. *Cork County Eagle and Munster Advertiser* an teideal iomlán a bhí air. Tháinig deireadh leis i 1929 nuair a cheannaigh *The Southern Star* (*Réalt an Deiscirt*) é. Ba é Peadar Ó hAnnracháin, timire cáiliúil Chonradh na Gaeilge, a bhí ina chathaoirleach ar an gcruinniú ag a ndearnadh an socrú sin. Bhí cáil dhomhanda ar an *Eagle* mar gheall ar eagarfhocal in eagrán 5 Meán Fómhair 1898 a thug le tuiscint go gcoimeádfadh an páipéar a shúil ar an Rúis. Bhí an tír sin ag cur an iomarca spéise sa tSín ag an am. *It will still keep its eye on the Emperor of Russia and all such despotic enemies – whether at home or abroad – of human progression and man's natural rights which, undoubtedly, include a nation's right to self-government. 'Truth', 'Liberty' and the 'Land for the People' are the solid foundations on which the Eagle's policy is based.*

7 An *Lusitania* go tóin poill in aice Chionn tSáile, 1915. I measc an 1400 a cailleadh bhí: Tomás Brianach de Buitléir ó Chathair Saidhbhín, an fear a chum ceol an chéad cheoldráma i nGaeilge, *Muirghéis,* agus Sir Hugh Lane.

8 Cuireadh Ó Donnabháin Rosa amach as Parlaimint Shasana, 1895. Bhí Henry Labouchere ar dhuine de na hiriseoirí ba mhó cáil i Sasana. San iris *Truth* thugadh sé go leor scannal airgeadais chun solais. Ach ní shroichfeadh a chuid liobrálachais chomh fada leis an bhFíníneachas. Mhaígh sé sa pharlaimint lá gur thug rialtas na Breataine airgead don Donnabhánach agus go ndearna sé spiaireacht dóibh. Ghoin an ráiteas sin an sean-Fhínín go smior agus rinne sé rún nach ligfeadh sé le Labouchere é. Ní bhfuair sé pas a thabharfadh go Sasana é go dtí 1895. Thug sé léachtaí sna cathracha agus sna bailte móra ann agus d'éirigh go maith leo bhí an oiread sin Éireannach ar deoraíocht sa Bhreatain. Ansin thóg sé ina cheann cuairt a thabhairt ar theach na parlaiminte. Bhí cuid dá sheanchomrádaithe ina mbaill ach níor theastaigh uaidh trioblóid a tharraingt orthu féin. D'éirigh leis ticéad cuairteora a fháil agus chaith lá sa ghailearaí ach ní bhfuair an deis a bhí uaidh. Ansin lá arna mhárach bhí an polaiteoir cáiliúil John Morley ag labhairt agus chuir Rosa isteach air. Sular rug oifigigh na parlaiminte greim air d'éirigh leis 35 focal a rá in aghaidh an chlúmhillte a rinne Labouchere air. Ordaíodh nach mbeadh cead aige go brách arís a bheith istigh i dteach na parlaiminte. Ach chruinnigh idir Pharnellítigh

agus fhrith-Pharnellítigh timpeall air, iad aontaithe le chéile ar feadh píosa mar gheall ar an meas a bhí acu ar an seanlaoch. Maidir le Labouchere, chuir iriseoirí ceisteanna air láithreach ach ní raibh puinn cuimhne aige faoin am sin ar an mbonn, dar leis, a bhí faoin rud a chuir sé i leith Uí Dhonnabháin.

9 Fothoghchán sa Longfort, 1917. D'iarr Sinn Féin ar Sheosamh Mac Aonghusa, príosúnach i Lewes, seasamh. Dhiúltaigh sé: baint ar bith, dúirt sé, ní raibh ag Sinn Féin leis an Éirí Amach. Níor tugadh aird ar an diúltú sin. Ba é mana Shinn Féin san fheachtas 'Put him in to get him out'. Ní raibh pobalbhreitheanna ann an uair sin agus chreid Seán Diolúin gur ag an bPáirtí Parlaiminteach a bheadh an lá. Bhí an t-easpag ag tacú leo, agus na sagairt, agus na siopadóirí. Ag Mac Aonghusa a bhí an bua. Ní raibh idir é agus a chéile comhraic ach 37 vóta ach cheana féin bhí na Réamonnaigh ag caint ar éirí as a suíocháin *en masse*.

10 Dícheannadh Anne Boleyn, 1536. Chreideadh daoine gur ó Charraig na Siúire di. Níorbh ea ach b'as an áit sin dá máthair Margaret Butler agus dá seanmháthair. Baineadh an ceann di toisc gurbh fhusa sin ag Anraí ná cuing an phósta a scaoileadh.

11 Rugadh Henry Cooke, 1788. Sa leath tosaigh den 19ú céad théadh an oiread céanna daoine chun éisteachta le seanmóirithe ag díospóireacht i dtaobh pointí creidimh is a théann inniu chun éisteacht le popamhránaithe. Chruinnigh 40,000 i gCroimghlinn, Co. an Dúin, chun Henry Cooke a chloisteáil ag fógairt go raibh an eaglais bhunaithe agus na Preispitéirigh aontaithe le chéile in aghaidh cibé cumhacht a bheadh ag Caitlicigh i ndiaidh a bhfuascailte. Meastar gurb é an t-eaglaiseach seo a thug ar Phreispitéirigh cúl a thabhairt leis an gcineál náisiúnachais a tharraing an oiread sin díobh isteach sna hÉireannaigh Aontaithe i mbliain '98. Bhí fás an-mhór tagtha ar Bhéal Feirste i ndiaidh Acht an Aontais agus bhí sé nádúrtha go leor ag saoránaigh na cathrach a cheapadh gurbh é an tAontas féin ba chúis leis an bhfás. Agus b'fhurasta do dhuine mar Cooke scanradh a chur orthu trína argóint go gcuirfeadh Reipéil deireadh leis an saibhreas nua. Ar an nGriollach in aice le Machaire Rátha a rugadh Cooke. Cé go ndeirtear nach raibh sé rómhaith i mbun na leabhar ina óige, chaith sé tamall ag gabháil don diagacht, do na healaíona agus don leigheas in ollscoileanna agus i gcoláistí i nGlaschú agus i mBaile Átha Cliath i gcaoi go raibh sé cáilithe chun dul i mbun argóinte i dtaobh ábhar ar bith faoin ngrian. Bhí sé chomh mór in aghaidh chóras neamhsheicteach na scoileanna náisiúnta is a bhí an tArdeaspag Mac Héil. Ba é a thaispeáin an tslí do Chaitlicigh leis an gcóras sin a athrú ar mhaithe leo féin. Cuireadh

a dhealbh suas i bhFaiche Thoir an Choláiste i mBéal Feirste agus 'An Fear Dubh' a thugadh an choitiantacht air.

An Leabharlann, Coláiste na Tríonóide

12 Cloch bhoinn Leabharlann Choláiste na Tríonóide, 1712. Le fada roimhe sin bhí bailiúchán breá leabhar sa Choláiste. Ach an tsean-Leabharlann a thugtar ar an bhfoirgneamh seo ina bhfuil an Seomra Fada, Roinn na Lámhscríbhinní agus Roinn na Seanleabhar Clóbhuailte. Leabhar Cheanannais an tseoid is luachmhaire sa Leabharlann agus is inspéise go bhfuil sí 900 bliain níos sine ná aon chuid den fhoirgneamh.

13 Léiriú ar *Tadhg Saor* i Maigh Chromtha, 1900. An tAthair Peadar Ó Laoghaire a scríobh agus deir Muiris Ó Droighneáin, staraí thús na nualitríochta, gurbh é 'an chéad chluiche é dár léiríodh sa Ghaeilge'. Tá sé inargóinte nárbh é. Léiríodh *Naomh Pádraig ag Teamhair* Lá 'le Pádraig 1899 i mBéal Feirste. Ach ar mhó de thóstal nó ghlóir-réim é ná de dhráma?

14 Bunaíodh Oifig an Phoist go reachtúil, 1784. Thug an tAcht seo neamhspleáchas d'Oifig Phoist na hÉireann. Mhair sé anuas go 6 Aibreán 1831 nuair a tugadh an tseirbhís ar ais faoi Ard-Phostmháistir na Ríochta Aontaithe. D'fhéadfaí i rith an ama sin litreacha a sheoladh gan stampa agus mheastaí gurbh in an bealach ba shábháilte. Níorbh fhéidir an táille a bhailiú gan an litir a sheachadadh!

15 Bás Tyrone Guthrie, 1971. Éireannach ba ea a shin-seanathair, Tyrone Power, aisteoir cáiliúil. Fágann sin gur chol seisir do Guthrie an réalta scannáin Tyrone Power a d'éag i 1958. Ginearál airm ba ea a sheanathair Sir William Power agus tháinig seisean go hÉirinn nuair a bhí sé ina oifigeach óg chun dul i mbun draenála in Eanach Mhic Dheirg i gCo. Mhuineacháin. Phós sé iníon úinéir an eastáit. Cé gur dhochtúir Albanach a athair is amhlaidh a bhraith Tyrone Guthrie riamh gurbh Éireannach é féin. B'as Éirinn do na cailíní aimsire go léir a bhíodh sa teach in Tunbridge Wells mar ar fhás sé suas agus bhí tionchar mór acu air. Théadh sé ar a laethanta saoire go hÉirinn. B'ionann aige Éire agus an samhradh agus an tsaoirse. San ollscoil bhí sé cairdiúil le Hubert Butler ó Chill Chainnigh – bhí seisean pósta ar a dheirfiúr Peigí – agus leis an bhfile Robert Graves arbh as Éirinn dá mhuintir. I mBéal Feirste a bhí an chéad phost lánaimseartha aige nuair a bhí sé ag obair don B.B.C. nuabhunaithe. 'Tyrone Power' an t-ainm a chuireadh sé le cuid dá scripteanna raidió. Cé gur chaith sé a shaol ag fánaíocht le compántais aisteoirí bhí meas teallaigh i gcónaí aige ar Eanach Mhic Dheirg. Bhí sé gan amhras ar dhuine de phearsana móra na hamharclannaíochta sa Bhreatain, é tamall ina bhainisteoir ar an Old Vic. Ach is cosúil go ndéanadh an dífhostaíocht i gceantar Chúil Darach i Muineachán imní dó. Sna seascaidí chuir sé monarcha suibhe ar bun ann. An t-airgead a bhí sé a shaothrú in amharclanna Mheiriceá chaith sé cuid nár bheag de ag tacú leis an monarcha sin. Thogh mic léinn Ollscoil na Ríona é ina Sheansailéir i 1962 ach is beag nár chaill sé an post sin nuair a d'fhógair sé i Halla na Cathrach i mBaile Átha Cliath go raibh sé thar am deireadh a chur leis an gcríochdheighilt. Ní raibh aon oidhre ar Ghuthrie agus d'fhág sé teach Eanach Mhic Dheirg le huacht ag an stát mar thearmann ag lucht ealaíne.

16 Bás Joseph Holt, 1826. Feirmeoir Protastúnach i gCo. Chill Mhantáin ba ea é agus bhí gach rud go maith aige gur tharla Éirí Amach '98. Níor spéis leis cúrsaí polaitíochta ach bhí fuath ag a thiarna talún air agus ba eisean a mhionnaigh go raibh Holt sna hÉireannaigh Aontaithe. Cuireadh tine lena theach agus ba í an éagóir sin a d'iompaigh ina reibiliúnach é. Bhailigh ina thimpeall i gceantar Ghleann Dá Loch fir a ndearnadh an éagóir chéanna orthu agus ba ghairid go raibh cáil air mar cheannaire míleata agus timpeall 13,000 fear faoina cheannas. Ach i dtosach Lúnasa rugadh bua air agus ghéill sé don Tiarna Powerscourt, 10 Samhain 1898. Cuireadh é féin, a bhean agus a chlann amach go dtí New South Wales mar dhaoránaigh. Bhí drochamhras air go ceann i bhfad. Ghabhtaí é nuair a tharlaíodh aon sórt ceannairce. Ach d'oibrigh sé go crua agus d'éirigh leis talamh a cheannach. Faoi cheann deich mbliana tugadh lánphardún dó. An

bhliain dár gcionn thóg sé ina cheann go bhfillfeadh sé ar Éirinn. Ach bhris
an long ar Oileán an Iolair, ceann de las Islas Malvinas. Murach Holt
gheobhadh gach paisinéir bás. Chuaigh sé i gceannas ar feadh dhá mhí agus
d'fhéach chuige go raibh bia agus fothain ag gach duine. Tháinig long
Mheiriceánach ansin agus tharrtháil iad. Iarbhall de na hÉireannaigh
Aontaithe ba ea an captaen, dála an scéil. Ach ghabh long Shasanach iad
– bhí cogadh idir an dá thír ar siúl – agus thug go Rio de Janeiro iad. Ba
é Holt a rinne an mhargaíocht chun gach duine a shaoradh. Tá cuma
dhochreidte ar pháirt Holt sna heachtraí seo. Ach cuimhnigh gur ghinearál
airm ba ea é lá den saol! Trí mhí dhéag a thóg sé air Éire a bhaint amach.
Faoin am sin bhí sé tuirseach den fheirmeoireacht agus bhunaigh sé gnó
tábhairne i mBaile Átha Cliath. Níor éirigh leis. As sin amach bhí sé beo
ar chíos cúpla teach i nDún Laoghaire. Tig linn é a shamhlú ansiúd ag
féachaint amach ar an bhfarraige gach lá agus é ag fiafraí cad a thug air in
ainm Dé New South Wales a fhágáil.

17 Bunú Mhuintir na Tíre, 1931. B'as Caisleán Laighnigh i dTiobraid
Árann don fhealsamh sóisialta, an tAthair John Ryan, a chuireadh
comhairle ar Roosevelt. Cuireadh a mhuintirsean as seilbh a bhfeirme tráth.
Ait mar a tharla, is i gCaisleán Laighnigh a bunaíodh an turgnamh sóisialta
Muintir na Tíre, agus an fear a bhunaigh é, an tAthair Seán Ó hAodha, is
i mbothán de chuid Chonradh na Talún a rugadh é. Bhí fichidí agus
tríochaidí an chéid seo ainnis go leor ag feirmeoirí beaga. Ach ó ceapadh
é ina shagart cúnta i gCaisleán Laighnigh bhí gach dícheall á dhéanamh ag
an Athair Ó hAodha. Chuir sé tús le fás an tobac sa cheantar agus d'éirigh
leis margadh a fháil dó. Ba é ba thúisce a chuir rúbarb á fhás i gcuid mhaith
gairdíní. Bhí úlla chomh flúirseach sa pharóiste nár shuim le traibhléirí féin
iad a fháil saor in aisce. Níorbh fhéidir uibheacha a dhíol agus gan ar
dhosaen ach trí pingine go leith. Fuair an sagart margadh d'úlla agus
d'uibheacha i Learpholl. Bhí téarma caite aige sa chathair sin. Bhunaigh sé
siopa i mBaile Átha Cliath chun prátaí, tornapaí agus cabáiste a dhíol i
dtreo gurbh ag fear a dtáirgthe a bheadh an brabach ar fad. Chonaic sé gá
a bheith le heagraíocht náisiúnta agus roghnaigh sé an t-ainm Muintir na
Tíre toisc gur thaitin leis go gciallaíonn 'muintearas' cairdeas agus
comharsanúlacht. D'éirigh le Muintir go dtí pointe áirithe. An locht ba
mhó air mar eagraíocht, b'fhéidir, go raibh sé bunaithe ar na deoisí.
Chaithfí cead na n-easpag a fháil. Níor thaitin Muintir le heaspag Chiarraí.
Ní ligfeadh an Fógartach isteach i gCill Dálua iad agus bhain an scéal
céanna le John Charles McQuaid i mBaile Átha Cliath. Agus mar riarthóir
ní raibh an tAthair John ró-oilte. Bhíodh an iomarca oibre ar siúl aige féin.
Inniu cuimhnítear go háirithe ar an obair a rinne Muintir na Tíre ar
mhaithe le leictriú na tuaithe.

18 An chéad Fheis Cheoil, 1897. Duine den deichniúr a bhunaigh Conradh na Gaeilge in 1893 ba ea Tomás Niallach Ruiséal. Ar 8 Nollaig 1894 bhí litir san *Evening Telegraph* aige ag moladh feis nó féile cheoil a chur ar siúl. Bhí de thoradh air sin gur tionóladh cruinniú d'ionadaithe an Chonartha agus an National Literary Society agus gur toghadh coiste. Is mar sin a bunaíodh an chéad fheis riamh, an Fheis Cheoil. Ba iad Annie Patterson, an bhean a chum ceol 'Go maire ár nGaeilge slán', agus P.J. McCall, a scríobh focail 'Boolavogue', na chéad rúnaithe. Chonaic an Conradh nach raibh an bhéim ar an nGaeilge faoi mar ba mhaith leo agus bheartaigh siad an 25 Lúnasa 1896 go mbeadh an chéad Oireachtas ar siúl an lá roimh an gcéad Fheis Cheoil. Ar an teanga féin agus ar chomórtais liteartha a bheadh an bhéim ag an Oireachtas. Shíl an Conradh freisin gur ar an bhFeis a bheadh aghaidh na sluaite agus go gcuideodh sin go mór leis an Oireachtas. D'éirigh go maith leis an dá fhéile ach feasta ba bheag baint a bheadh acu le chéile. In 1898 cuireadh feis ar siúl i Maigh Chromtha agus ba ghairid nach raibh paróiste sa tír nach raibh a fheis féin aige.

19 Bás Thomas Edward Lawrence, 1935. Fear saibhir ón Iarmhí ba ea a athair, Sir Thomas Chapman. D'éirigh seisean mór le máistreás naíonán as an Eilean Sgiathanach in Albain agus thréig a bhean féin. Cé gur ghnáth-thógáil a fuair Lawrence níor fhéad sé a dhearmad riamh gur leanbh tabhartha é. Is cosúil nach ligfeadh a nádúr piúratánach don mháthair a mhaitheamh di féin gur ghoid sí Chapman óna bhean chéile. Toradh eile a bhí air sin, b'fhéidir, go mbaineadh Lawrence úsáid as ceithre shloinne i rith a shaoil: Chapman, a cheartainm; Lawrence, sloinne bréige an athar; Ross, an t-ainm faoinar liostáil sé san R.A.F.; agus Shaw, a shloinne san arm.

20 Turas eitleáin Amelia Earhart, 1932. D'fhág sí Talamh an Éisc ag 10.30 tráthnóna, am na hÉireann, chun an tAtlantach a thrasnú. Ní raibh ar bord aici de bhia ná de dheoch ach dhá phionta d'anraith sicín. Ba ghairid go raibh an scéal go dona aici: an aimsir ag dul i ndonacht; an píobán sceite ag dó; an t-airdemhéadar ag teip. Ach thiomáin sí léi. Le fáinne an lae chuir long bleaist gaile aisti ag fáiltiú roimpi. Ansin chonaic sí talamh ach ní raibh a fhios aici gurbh é Tír Chonaill a bhí aimsithe aici. Lean sí an cósta timpeall go bhfaca sí iarnród. Bhí sí réasúnta cinnte dá leanadh sí é go dtabharfadh sé go baile mór éigin í agus go mbeadh aerfort nó aerstráice ann. Ba mhinic an t-ádh uirthi ar an gcuma sin sna Stáit Aontaithe. Ach ní fhéadfadh sí a leithéid a fheiceáil an babhta seo sa chathair a chonaic sí thíos fúithi. Ba é Doire é. Ach ar imeall na cathrach d'aimsigh sí páirc oiriúnach. Bhí sé anois 1.45 tráthnóna. Breis bheag agus

13 uair an chloig a thóg an turas, an t-am ba thapúla go nuige sin. Chruinnigh na sluaite thart ar an eitleán. Cé nach raibh aon choinne léi bhí a fhios ag daoine cérbh í féin. Chaith sí an oíche i dteach feirme Uí Ghallchóir ar an gCúil Mhór i gCo. Dhoire agus lá arna mhárach d'eitil go Aldergrove. Ba í an chéad bhean í a d'eitil trasna an Atlantaigh agus trí bliana ina dhiaidh sin bhí sí ar an gcéad bhean a thrasnaigh an tAigéan Ciúin. Sa bhliain 1937 rinne sí iarracht an domhan a thimpeallú in éineacht le heitleoir eile, Fred Noonan. Bhí dhá thrian den turas déanta nuair a cailleadh an t-eitleán go tobann san Aigéan Ciúin Theas.

21 Bille chun solas an lae a shábháil, 1916. Vótáil an Páirtí Éireannach ar a shon mar *quid pro quo*: Bhí Aontachtaithe an tuaiscirt sásta gan cur in aghaidh an bhille chun Baile Átha Cliath a atógáil. Níor thaitin le feirmeoirí go gcaithfí na ba a chrú uair níos luaithe. Ag an gceann eile den lá ní bheadh na cearca sásta dul ar an bhfara go mbeadh an clapsholas ann. Léiriú ar an gcaoi ar bhreathnaigh Gaeil ar an socrú nua an fógra breithe seo ar *An Claidheamh Soluis*, 14 Iúil 1917: 'Mac don Dochtúir Mac Giolla Bhríde agus dá mhnaoi Eilís 30 Meitheamh (am Gaelach) nó 1 Iúil (am Gallda) i gCaisleán an Bharraigh'.

Teach Maria Edgeworth, Co. Longfort

22 Bás Maria Edgeworth, 1849. Bhí sí 84 bhliana d'aois san am agus is i mbaclainn a leasmháthar, mar a déarfá, a fuair an t-úrscéalaí bás. Ba é an chaoi ar tharla sin go raibh a hathair Richard Lovell Edgeworth pósta ceithre huaire. Bhí 22 clainne aige agus ba í Maria an dara duine díobh.

23 Alan Simpson agus Amharclann an Phíce i dtrioblóid leis an dlí, 1957. Ag cuimhneamh ar phící '98 a bhí Alan Simpson agus Carolyn Swift nuair a bhunaigh siad an amharclann réabhlóideach The Pike i Lána Herbert, Baile Átha Cliath, i 1953. Ann a léiríodh *The Quare Fellow* le Breandán Ó Beacháin agus is ann ba thúisce a léiríodh *Waiting for Godot* le Sam Beckett. Nuair a bhí an chéad fhéile idirnáisiúnta amharclainne ar siúl i mBaile Átha Cliath léiríodh ann den chéad uair san Eoraip dráma Tennessee Williams, *The Rose Tattoo*. Bhí an téacs ar díol i siopaí leabhar na cathrach. Cén fáth nach mbeadh? In ainneoin dhlíthe géara cinsireachta ní raibh aon bhac air. Bhí ag éirí chomh maith sin leis an dráma agus bhí an amharclann chomh beag sin go rabhthas ag cuimhneamh ar é a aistriú go dtí an Geata. Ach ar 21 Bealtaine, go gairid sula raibh an cuirtín le hardú, tháinig cigire den Gharda Síochána. Bhí ábhar graosta diamhaslach sa dráma agus chaithfí é a bhaint den stáitse. Faoin am sin ní raibh suíochán folamh, agus nuair nárbh eol don chigire cad iad na línte graosta chuathas ar aghaidh leis an léiriú. Dhá lá ina dhiaidh sin cuireadh an dlí ar Simpson agus b'éigean dó oíche a chaitheamh sa Bhridewell. Chuaigh an cás chomh fada leis an gCúirt Uachtarach. Fuarthas Simpson neamhchiontach sa deireadh. Is cosúil nach aon ní a dúradh ar son na frithghiniúna sa dráma a chuir tús leis an gcás botúnach seo ach gur thit coiscín as póca duine de phearsana an dráma. Gan amhras is ar íocóirí cánach a thit costais mhóra an dlí. Fiú léirmheastóir cáiliúil an pháipéir Chaitlicigh *The Standard* (*An tIolar*), Gabriel Fallon, ní raibh aon locht le fáil aige ar an *Rose Tattoo*, agus níor glaodh ar aon diagaire chun fianaise a thabhairt.

24 Ionadaíocht chionmhar, 1920. I Sligeach in Eanáir 1919 a úsáideadh an córas vótaíochta sin den chéad uair in Éirinn. Bhí náisiúnaithe, Art Ó Gríofa go háirithe, ar son an chórais seo. Bhí rialtas na Breataine ar a shon – fad nach sa Bhreatain a bheadh sé. Ach bhí Aontachtaithe an tuaiscirt ina aghaidh ar an ábhar nár chóras Briotanach é. I mBealtaine 1921 ordaíodh gurbh é a bheadh i bhfeidhm san olltoghchán in Éirinn. Ach bhí an tír corraithe san am. Ó thuaidh toghadh níos mó Aontachtaithe ná riamh, dhá scór díobh. Sa chuid eile den tír bhuaigh Sinn Féin an t-iomlán cé is moite de shuíocháin Choláiste na Tríonóide: níor cuireadh in aghaidh Shinn Féin in aon toghlach eile. Faoi 1929 bhí droim láimhe tugtha don chóras ag Aontachtaithe, cé gur ar mhaithe leosan a theastaigh ón mBreatain é a fheidhmiú in Éirinn.

25 Tine i dTeach an Chustaim, Baile Átha Cliath, 1921. Lean an tine ar feadh cúig lá agus milleadh cuid mhór de na seantaifid. D'athchóirigh Oifig na nOibreacha Poiblí an foirgneamh ar ball. B'fhéidir gur mhó an dochar a rinne Halla Nua na Saoirse i 1962 dá dhealramh ná tine úd 1921!

26 Crochadh Michael Barrett, Fínín, go poiblí, 1868. Tugadh leabhar éithigh go raibh sé ciontach i bpléascadh Phríosún Clerkenwell i Londain. I nGlaschú a bhí sé san am. Bhailigh 2000 chun an crochadh a fheiceáil agus ba é an marú dlíthiúil deireanach é dá ndearnadh go poiblí sa Bhreatain ná in Éirinn.

27 Foclóir Béarla-Gaeilge de Bhaldraithe, 1959. Ar na daoine a chaith tamall ar fhoireann an fhoclóra bhí Séamus Ó Grianna, Seosamh Ó Cadhain, Donncha Ó Céileachair, Seán a' Chóta, Muiris Ó Catháin, Seán Ó Lúing, agus Máire Mhac an tSaoi.

28 Rugadh Tom Moore, 1779. Scríobh sé neart dánta grá. Is dócha nach raibh sa chuid ba mhó díobh ach coinbhinsiúin fhileata. Ba chosúla Moore ina dhealramh le Cúipid ná le Don Juan: ní raibh sé ach cúig troithe ar airde agus chuireadh a ghné agus a chruth dia Rómhánach an ghrá i gceann daoine. Ach is inmhaíte gurbh é an file Éireannach é ba mhó a bhí i mbéal an phobail anuas go aimsir Yeats.

29 Bunú an Pháirtí Shóisialaigh, 1896. I dteach tábhairne i Sráid Thomáis, Baile Átha Cliath, a tharla sé. Ceapadh Séamas Ó Conghaile ina rúnaí.

An teach inar rugadh Thomas Moore

30 Na Crapaithe i Loch Garman, 1798. Bhí 15,000 díobh ag plódú shráideanna cúnga an bhaile, cnotaí glasa á gcaitheamh acu agus ribíní bána ar a hataí. Shíl dílseoirí an bhaile gurbh é Réabhlóid na Fraince a bhí tagtha agus bhí cuid acu ar a ndícheall ag ligean orthu gur reibiliúnaigh iad féin. Bhí idir mheidhir agus thragóid ag baint leis an bpoblacht bheag áitiúil seo a mhair go 21 Meitheamh. Idir sin agus 5 Meitheamh, nuair a troideadh cath Ros Mhic Thriúin, an tréimhse ab fhearr a bhí an tÉirí Amach faoi réim i gCo. Loch Garman.

31 Cloch bhoinn chuan Dhún Laoghaire, 1817. Ar 19 Samhain 1807 bádh 400 duine in aice leis an gCarraig Dhubh. Na báid a raibh siad iontu ní raibh cosaint ar bith acu in aghaidh na stoirme. Chuaigh an timpiste sin i gcion go mór ar iarmhairnéalach, an Captaen Richard Toutcher. Scríobh sé litreacha agus paimfléid ag iarraidh caladh dídine i gcuan Bhaile Átha Cliath chun nach dtarlódh a leithéid arís. Rinne sé machnamh ar an scéal, fiú ar na mionsocruithe ba ghá a thionscnamh. Mar shampla, cá raibh clocha le fáil chun caladh a thógáil? An machnamh a thiomáin chun gnímh é. Fuair sé cairéal ann ar cíos agus lig don stát cloch eibhir a bhaint ann in aisce. Measadh san am gur shábháil an stát £80,000 de bharr thírghrá an chaptaein. Tugtar de chreidiúint dó gurbh é a cheap scéim éifeachtach dleachtanna. Ach níor luadh a ainm ar an oibilisc a cuireadh suas le hómós dóibh sin a chabhraigh le bunú an chalafoirt. Ní raibh deireadh leis an obair thógála go ceann 43 bliana. Tá cuntas ar an obair seo go léir ag Dónall Ó Súilleabháin in *Ó Kingstown go Dún Laoghaire*, 1976. B'fhéidir gurb é an taobh sóisialta den stair an chuid is inspéise: an míle oibrí agus a dteaghlaigh ag cur fúthu ar thalamh coimín i nDeilginis, iad ag saothrú deich scillinge sa tseachtain, agus an saol go hainnis acu, idir thíofóideach agus chalar agus timpistí; an long phríosúin a bhíodh ar ancaire sa chuan agus na céadta créatúr inti ag fanacht go dtabharfaí i gcéin iad.... Ach is deimhin nach orthu sin a bhí 300 de mhaithe agus de mhóruaisle ag cuimhneamh agus iad ag ithe is ag ól i bpuball mór tar éis d'Fhear Ionaid an Rí an chéad chloch a leagan.

MEITHEAMH

1 Marú an Dara Leifteanant Stacpoole Ó Longáin sa Chogadh Mór, 1917. Bhí sé síolraithe ó Mhicheál Óg Ó Longáin, file, ball de na Buachaillí Bána, agus de na hÉireannaigh Aontaithe ina dhiaidh sin.

2 Bás Eileanóir de Buitléir, 1829. Faoin ainm 'Mná uaisle Llangollen' bhí cáil uirthi féin agus ar Sarah Ponsonby. Deirfiúr le hIarla Urumhan ba ea Eileanóir. Sular thosaigh eachtra mhór a saoil bhí Sarah ina cónaí le Sir William Fownes agus a bhean in Woodstock in aice Inis Tíog, Co. Chill Chainnigh. Bhí a tuismitheoirí marbh. Ní róshásta lena bhean a bhí Sir William: bhí sí i ndrochshláinte agus níor fhéad sí oidhre mic a bhronnadh air. Thosaigh sé ag cur spéise i Sarah, rud nár thaitin léi. Ní raibh aon fhear le spéis a chur in Eileanóir: níorbh fhéidir a rá go raibh sí dathúil agus shíl daoine go raibh sí beagán searbh. Cad ab fhéidir a dhéanamh lena leithéid? Bhí a máthair ag iarraidh í a chur isteach i gclochar, cinniúint nach réiteodh le meon Eileanóir: bhí scríbhneoirí móra na Fraince léite aici agus í frithchléireach dá réir. Chuir an bheirt seo, Eileanóir agus Sarah, éadach fir orthu féin agus rinne iarracht ar éalú cuan Phort Láirge amach. Ach ghabh

Eastát agus droichead Woodstock

a muintir iad. Ar deireadh ligeadh dóibh imeacht agus tuairim £280 sa bhliain acu. Cheannaigh siad teach i Llangollen agus bhí siad ann ar feadh leathchéad bliain. 'Cairdeas rómánsúil' a thugtaí ar an gcineál cairdis a bhí eatarthu. Chiallaigh sin beirt bhan a lorgódh díthreabh, áit a bhféadfaidís beatha shimplí a chaitheamh, dea-oibreacha a dhéanamh, a bheith ag foghlaim.... Ba liosta le lua na fir cháiliúla a thug cuairt ar Eileanóir agus Sarah. Ina measc bhí Wordsworth, Wellington, George Borrow, Garrick, de Quincey, Horace Walpole.... Ba mhian le cuairteoirí an teachín agus na gairdíní áille a fheiceáil. Bhí comhfhreagras mór ar siúl acu, cíona lae agus gach sórt cuntais á gcoimeád acu, leabharlann mhór acu, agus rialacha faoi gach gné dá saol a bhí chomh docht le rialacha clochair.

3 Rugadh Daniel Binchy, 1899. Ba dhuine de mhórscoláirí na Gaeilge é. Is mar gheall ar dhán a scríobh Myles na gCopaleen a luaitear é in aon anáil le hOsborn Bergin agus R.I. Best. *But the third will remain / to try to regain / At whatever cost / Our paradigms lost / Binchy and Bergin and Best.* Ba ghnách leis an mBínseach an bhliain 1900 a chur síos mar dháta breithe ach féach *Scéala Scoil an Léinn Cheiltigh*, Márta 1992. Deireadh sé gur bheag ar fad a eolas ar an nGaeilge go raibh sé 26 bliana d'aois. Ní bhfuair sé ach 58% sa mháithreánach, marc a thabharfaidh misneach d'fhoghlaimeoirí na teanga! D'éag sé 4 Bealtaine 1989.

4 Cath Mhagenta, 1859. Bhris an Fhrainc an cath seo ar an Ostair. Bhí cumhacht shaolta an Phápa agus na Pápachta thíos leis. Cén fáth, mar sin, ar lasadh tinte cnámh ar chnoic an Chláir agus go raibh Gaeil ar crith le mórtas? Pádraig Mac Mathúna ab ainm do laoch an chatha. Fuair sé dá

bharr na teidil Diúc Magenta agus Marascal na Fraince. Bhí sé 170 bliain ó d'fhág a mhuintir Éire. Ach fós féin, duine de chlann Mhic Mhathúna Thuamhan é a chas taoide an chatha agus a shábháil pearsa agus onóir Impire na Fraince. Láithreach ransaíodh cartlanna agus foilsíodh in *The Nation* taifead fírinneach doléite ghinealas an laoich ó aimsir Chonradh Luimnigh anuas. Moladh go gceannófaí claíomh órga agus iarradh £500 ar léitheoirí. Tugadh £700 láithreach. Ar 2 Meán Fómhair 1860 chuaigh toscaireacht chun bronnadh foirmiúil a dhéanamh. I nGaeilge agus i bhFraincis a bhí an dileagra. Bhí an Dr George Sigerson ar an toscaireacht agus ba é, b'fhéidir, faoi deara an Ghaeilge. Ag an dinnéar mór a caitheadh bhí oifigigh Fhrancacha mar Commandant Dillon, an Ginearál Ó Fearaíl, an Ginearál Suton de Clonard.... Bhí buanna míleata gann in Éirinn faoin am sin agus níor mhiste do Ghaeil a bheith maíteach as bua thar lear. Bhí Marie Edmé Patrice, Comte de MacMahon, ina uachtarán ar Phoblacht na Fraince 1873-79 ach toisc go raibh sé ag obair ar son athbhunú na monarcachta tugadh air éirí as oifig. D'éag sé in 1893.

5 Cath Ros Mhic Thriúin, 1798. 'Sé Ros do bhreoidh is do chlaoigh go deo sinn....' Maraíodh breis is 4000 crapaí. Ach tharla rud níos uafásaí i scioból tuairim deich míle ó Ros. Bhailigh reibiliúnaigh isteach ann na daoine a shíl siad a bhí ina n-aghaidh. Protastúnaigh ba ea a bhformhór. Ar a naoi ar maidin cuireadh an scioból trí thine agus fuair tuairim céad acu bás, fir, mná agus páistí. Rinneadh iarrachtaí ar mhíniú a fháil ar an ár seo ach is é is cosúla gur rud é a rinne daoscarshlua ar ala na huaire. Ní raibh ar siúl i Loch Garman le cúpla mí ach rud a thug an rialtas féin chun cinn d'aon ghnó agus ba chuid den tragóid i gcoitinne an choir ghránna seo.

6 An chéad chruinniú ag an gComhairle Náisiúnta chun cur in aghaidh chuairt Edward VII, 1903. Sórt réamhtheachtaí ag Sinn Féin ba ea an Chomhairle Náisiúnta. I measc na ndaoine a bhí ag troid i gcoinne aon fháiltiú a chur roimh an rí bhí daoine mar W.B. Yeats, Edward Martyn, agus Maud Gonne. Ach gan amhras ba é Art Ó Gríofa a gceannaire sa chath a fearadh. Mhair cuairt an rí ó 21 Iúil go 1 Lúnasa agus scríobh AE dán ina thaobh: *The men of old sought in a king / Some likeness to the Lord of Hosts, / What shadow is there in this thing, / King of the Empire of their boasts.*

7 Seastán nua Uí Ógáin, 1959. Tógadh an chéad seastán i gcuimhne ar Mhicheál Ó hÓgáin ó Ghráinseach Mhóicléir i 1926. Ba bhall é d'fhoireann peile Thiobraid Árann a bhí ag imirt in aghaidh Bhaile Átha Cliath i gcluiche dúshláin ar 21 Samhain 1920 ('Domhnach na Fola') i bPáirc an

Chrócaigh. Mharaigh na Dúchrónaigh é ar fhaiche na himeartha. Bhí 75 bliana á gcomóradh ag Cumann Lúthchleas Gael i 1959 agus ba chuid den chomóradh oscailt an tseastáin nua gona 16,000 suíochán. Thug Christy Ring ardtaispeántas an lá céanna nuair a bhuaigh Muimhnigh ar Chonnachtaigh i gcraobhchluiche Chorn an Iarnróid.

8 An chéad lao Charollais dár rugadh in Éirinn, 1964. Is féidir a rá gur chuir na beithígh mhóra bhána seo ó oirthear na Fraince athrú beag ar dhreach na tíre!

Leacht cuimhneacháin Dhónaill Uí Chonaill, Glas Naíon

9 Cloch bhoinn Scoil Uí Chonaill, 1828. Mháirseáil 100,000 trí lár na cathrach chuig an searmanas agus brait agus meirgí ar foluain acu. Dónall Ó Conaill a bheith ag déanamh an ghnó faoi deara slua chomh mór sin a bheith ann. Ach bhí fáthanna eile leis. I bparóiste an ardeaspaig féin ar an taobh thuaidh den chathair bhí 3000 páiste agus dhá thrian díobh gan puinn oideachais a bheith ar fáil dóibh. Bhí an míle eile ag freastal ar scoileanna Protastúnacha, rud nach raibh glacadh leis. Lá seo an tsearmanais bhí Éamonn Iognáid Rís féin i Sráid Risteamain ag fáiltiú roimh an slua. Ceithre bliana a thóg sé ar na Bráithre Críostaí an t-airgead le haghaidh na scoile a bhailiú. Fuair siad £1500 ó Chumann Caitliceach Uí Chonaill. Bailíodh £500 i Sasana. Fuarthas £1000 ar iasacht. Nuair a osclaíodh an

scoil in 1831 bhí 600 buachaill ann an chéad mhaidin nó 150 i ngach rang. Bhí buachaillí na haimsire sin chomh ceannairceach dána le haon ghlúin eile agus ní foláir nó bhíodh Bráithre bochta cráite ag 150 duine ag béicíl d'aon ghuth. Bunaíodh an Bord Náisiúnta Oideachais an bhliain chéanna. Cheangail na Bráithre leo ach d'athraigh a n-aigne i gceann ceithre bliana. Faoin mBord ní raibh cead pictiúir bheannaithe a thaispeáint ná Teagasc Críostaí féin a mhúineadh. Ní thiocfadh scoileanna na mBráithre faoin stát go 1925. Chaith na daoine seo a leanas seal ar Scoil Uí Chonaill: Liam Ó Maolruanaí, Matt Talbot, Oliver St John Gogarty, John Devoy, Tom Kettle, Ernie O'Malley, an Taoiseach John Costello, James Joyce, agus triúr de cheannairí 1916, Ceannt, Colbert agus Heuston.

10 Rugadh Alfred Webb, 1834. Fear an-inspéise ba ea é. Bhí sé ina bhall de Chumann na gCarad agus chuaigh le ceird a athar, an chlódóireacht. Go luath ina shaol bhí spéis aige i gcúrsaí sóisialta agus chuir sé tús le bailiúchán airgid chun fóirithint ar na boicht i ndiaidh an Ghorta. Chaith sé tamall ag lorg an óir san Astráil, agus tamall ina mhairnéalach sular fhill sé ar an gclódóireacht. Le linn Butt agus Parnell thosaigh sé ag cur spéise i bhFéinrialtas na hÉireann. In 1890 toghadh é ina fheisire parlaiminte i bPort Láirge Thiar. Toghadh arís é i mbliain a '92 don pháirtí frith-Phairneilíteach. Mhair cuimhne a ainm i measc leabharbhách mar gheall ar an bhfoclóir beathaisnéise a thiomsaigh sé, an chéad leabhar dá shórt sa tír. Tá cuntais ann ar 1700 Éireannach ó gach ré ó thús na staire. Chaith sé a chuid ama ar fad ina bhun i leabharlann Chumann Ríoga Bhaile Átha Cliath, ar geall le leabharlann náisiúnta í san am. Deirtear gur cheadaigh sé 478 leabhar. Saothar an-mhór ag aon duine amháin ba ea é sin. Cúig bliana ina dhiaidh sin a tosaíodh ar *Dictionary of National Biography* na Breataine agus na hÉireann ach murab ionann agus saothar Webb, is saineolaithe éagsúla a scríobh na hiontrálacha go léir sna 22 imleabhar. Scríobh Webb dírbheathaisnéis, ar cuntas é freisin ar Éirinn a linne. Cibé rud a tharla don lámhscríbhinn níor foilsíodh an leabhar riamh. Ball aithnidiúil de Chonradh na Gaeilge sna blianta tosaigh ba ea Webb.

11 Chuir Sir George Carew tús le léigear Dhún Baoi, 1602. Cúpla míle ar an taobh thiar theas de Bhaile Chaisleán Bhéara a bhí an dún seo ag muintir Shúilleabháin. Bhí 4000 fear ag Carew agus dúirt sé nach bhfacthas riamh sa Ríocht Aontaithe cosaint ní ba dhígeanta ná ní ba dhiongbháilte. Risteard Mac Eochagáin a bhí i gceannas na gcosantóirí. Bhunaigh an staraí Victeoiriach Froude an t-úrscéal *The Two Chiefs of Dunboy* ar an eachtra.

12 Cuireadh an ruaig ar na reibiliúnaigh i mBuiríos, Ceatharlach, 1798. Bhí fear de shliocht seanríthe Laighean, Uaitéar Caomhánach, i gceannas ar dhílseoirí agus ar ghíománaigh na háite. Luaitear timpeallacht Theach Bhuiríos leis an amhrán 'Eibhlín a rún' agus le héalú Eibhlín Chaomhánach le Cearbhall Ó Dálaigh.

13 Cath Chluain Tiobraid, 1595. Bhuaigh Aodh Ó Néill ar Sir Henry Bagenal. Ní minic a bhíonn fear agus a chliamhain in aghaidh a chéile ar pháirc an chatha agus ní minic naimhdeas pearsanta eatarthu, mar a bhí i gcás na beirte seo. Nuair a d'éalaigh Ó Néill le Mabel Bagenal ní thabharfadh a hathair a spré don Niallach.

14 Pádraig Ó Loingsigh, bailitheoir amhrán, i gCathair na Mart, 1802. Bhí sé fostaithe ag Edward Bunting ar ghine go leith sa tseachtain. Shílfeá nár dhona an pá é. Ach bhí bailiú amhrán contúirteach. Shíl cairde Riocaird Bairéad gur ag goid amhrán an tseanfhile a bhí an Loingseach. Agus chuir seisean olc orthu arís nuair a dhearbhaigh sé nach raibh suim aige ach sna seanamhráin. Nach raibh dánta an Bhairéadaigh lán chomh maith le déantús na seanfhilí? Ní fhéadfadh an Loingseach buachan. Rud eile de, bhí meon '98 láidir go fóill. Bhí dream amháin ag ceapadh, b'fhéidir, gur spiaire ag an rialtas é. Sna bailte bhí cónaí ar Oráistigh, fiú i gCo. Mhaigh Eo, agus is é an rud a shílfeadh siadsan gur timire ag na hÉireannaigh Aontaithe a bhí ann. Ó Bhéal Feirste a thagadh litreacha Bunting chuige, rud a mhéadaíodh ar an drochamhras. Chun teacht ar amhránaithe maithe bhíodh air dul go dtí an síbín agus béal an mháistir scoile a théamh le fuisce. Nuair a d'fheiceadh fear an tsíbín é ag breacadh ainmneacha b'fhéidir go sílfeadh sé gur ag bailiú fianaise i dtaobh gnó biotáille gan cheadúnas a bhí an Loingseach. Tobac agus fuisce d'amhránaithe agus do phíobairí an costas ba mhó a thiteadh ar an mbailitheoir. Prátaí agus uibheacha an bheatha a bhíodh aige agus is i scioból a chaitheadh sé an oíche go minic. An lá dár gcionn b'fhéidir go gcaithfeadh sé taisteal de chois trí cheantar sléibhtiúil. Bhíodh sé ag gabháil fhoinn chun an turas a ghiorrú. Lá amháin lean bodóg bheag dhubh é trasna iomad craobhaibhneacha den Abhainn Dubh. Is maith le ba ceol agus portaireacht. Ach anois i gCathair na Mart bhí sé ag scríobh ina chín lae go raibh sé i gcruachás toisc Oráisteach searbh de mháistir poist nach dtabharfadh a litreacha dó. Cheal airgid bhí sé ina phríosúnach san áit, é ag dul níos doimhne i bhfiacha gach lá, drochamhras ag gach taobh air, agus an rud ba mheasa ar fad, gan aon amhrán á bhreacadh aige.

15 Deireadh le léirsithe i Lúbán Díge, 1887. Ón 26 Bealtaine bhí seilbh a dtithe á baint de thionóntaí Lúbán Díge i gCo. an Chláir. Bhí seo á dhéanamh mar fhreagra ag an rialtas ar Phlean an Fheachtais a thosaigh i nDeireadh Fómhair na bliana roimhe sin. Faoin bplean sin thairgfeadh tionóntaí cíos laghdaithe. Mura nglacfadh an tiarna talún leis ní íocfaidís cíos ar bith ach é a chur isteach i gcúlchiste mar chosaint in aghaidh díshealbhú. Ba é an ghnáth-thuairim go raibh an cíos a bhí an Coirnéal Ó Ceallacháin a iarraidh ar a thionóntaí i bhfad ró-ard. Ach ba é beartas an Phríomh-Rúnaí, Arthur Balfour, tacú leis an tiarna talún ina leithéid de chás. Ba mhinic 400 constábla ann, gan trácht ar shaighdiúirí agus ar fhir éigeandála. Cuireadh go mór le costas a gcothabhála nuair nach raibh muintir ná siopadóirí an cheantair sásta earraí a dhíol leo. Bhí cúrsaí poiblíochta ag dul in aghaidh an rialtais freisin. Bhíodh grianghrafadóirí, iriseoirí ó Londain agus ó Pháras, feisirí parlaiminte ón mBreatain, etc., ag gach díshealbhú, chomh maith le sagairt, bannaí ceoil, Micheál Daibhéid nó a leithéid eile, agus an gnáthphobal. Ag ceann amháin díobh measadh go raibh 3000 sa láthair. Níorbh fhéidir buachan ar fhórsaí an dlí ach d'fhéadfaí moill a chur orthu trí uisce te, brachán lom agus bualtrach bó a radadh leo. Bhíodh scátha fearthainne in airde ag na fir éigeandála. Gortaíodh cuid mhór daoine sna léirsithe seo. Leonadh buachaill 13 bliana d'aois go dona nuair a thug póilíní meisciúla séirse ar na daoine san Fhiacail lena smachtíní. I ndeireadh an lae bhí an Ceallachánach thíos leis. Bheadh sé míle punt níos fearr as ach glacadh an chéad lá le tairiscint na dtionóntaí. Ach ba é an stát féin ba mhó a bhí thíos leis.

16 Príosúnaigh á scaoileadh saor, 1917. Timpeall 120 a bhí á saoradh, ina measc Eoin Mac Néill, de Valera, agus an Chuntaois Markiewicz. Toghadh Mac Néill ina uachtarán ar Chonradh na Gaeilge le linn dó a bheith in Dartmoor agus bhí cruinniú ag an eagraíocht sin le fáiltiú abhaile roimhe sin agus roimh thriúr dá Choiste Gnó, Piaras Béaslaí, Tomás Ághas agus Diarmuid Ó Loingsigh.

17 Eilifint á loscadh ina beatha, 1681. Trí chéad bliain ó shin chuirtí an dúspéis in ainmhithe allta allúracha. Ach bhí cuid mhór de phobal Bhaile Átha Cliath róbhocht chun ticéad a cheannach chuig an taispeántas. Bhí eilifint ar taispeáint i bpuball ar Shráid Essex agus cad a déarfá ach gur loisceadh an créatúir i ndóiteán. Mura raibh d'acmhainn ag daoine í a fheiceáil ina beatha bhí deis acu anois, ní hé amháin í a fheiceáil, ach píosa den chorp a chrochadh abhaile leo mar chuimhneachán. Ach ba ghairid gur fhostaigh bainisteoir an taispeántais treas muscaedóirí chun an corpán a ghardáil fad a bhí bothán á thógáil aige chun go ndéanfadh búistéirí an chreatlach a nochtadh. Níor ghá gur mhéala amach is amach bás na

heilifinte dá mbeadh an chreatlach sábháilte. Ansin tháinig chun tosaigh
an dochtúir cáiliúil Allen Mullen. Spéis eolaíoch a bhí aigesean san obair.
Ach rinneadh an dioscadh faoi mhórdheifir toisc an daoscarshlua a bheith
ag éirí mífhoighneach agus toisc bolaithe bréana ón gcorpán. Bhí eagla ar
an mbainisteoir go gcuirfí an dlí air mar bhí oifigí na Comhairle agus Teach
an Chustaim gar don áit. Scríobh an dochtúir chuig Sir William Petty i
dtaobh na mbúistéirí: 'Their forwardness to cut and dash what came first
in their way, and their unruliness did hinder me from making several
remarks which otherwise I would have made; thus the elephant was
disjointed by candlelight'. Ach d'éirigh leis teacht ar colas i dtaobh radhairc
súl na heilifinte. Agus d'éirigh leis an úinéir an chreatlach a chur go
Londain. Níor fhan de chuimhne ar an ainmhí bocht ach an *Elephant
Tavern* i Sráid Essex.

18 Rugadh an Tiarna Castlereagh ag 28 Sráid Anraí, Baile Átha Cliath,
1769. Luaití in aon anáil é le Diarmuid na nGall agus le Lionárd Mac an
Fhailghe. Ba é ba mhó faoi deara gur ritheadh Acht an Aontais. Nuair a
bhí Grattan ag fáil bháis d'iarr sé ar a mhac gan a bheith ródhian ar
Castlereagh. 'Tá grá aige d'Éirinn', ar seisean. Ba é an sórt tírghrá é a thug
air a chreidiúint gurbh ó Shasana amháin a thiocfadh leas na hÉireann.

19 Bádh Donn Byrne, 1928. B'as Camloch in aice leis an Iúr dá mhuintir
agus deirtear go raibh Gaeilge nádúrtha Chill Shléibhe aige. Ach is i Nua-
Eabhrac a rugadh é. D'éirigh thar cionn leis mar scríbhneoir nuair a d'fhill
sé ar Mheiriceá. Nuair a bhí Seán Mac Maoláin ag aistriú péire dá úrscéalta,
Messer Marco Polo agus *The Power of the Dog*, ní raibh a fhios aige go raibh
seanaithne aige ar an úrscéalaí faoin ainm Brian Ó Beirn. Ba é an chaoi ar
bádh é go ndeachaigh a charr isteach san fharraige go timpisteach in aice
le Cúirt Mhic Shéafraidh. Is é atá scríofa ar a leacht i reilig Ráth Cláirín:
'Tá mé im' chodladh is ná dúisigh mé'.

20 An uair dheiridh ag Tyrone Power ar stáitse i mBaile Átha Cliath,
1840. An chéad duine a raibh an t-ainm Tyrone Power air b'as Cill Mhic
Thomáisín, Port Láirge, dó. B'in é athair an aisteora. Bhí an teideal Iarla
Thír Eoghain ag na Paoraigh san am agus bhí Paoraigh Chill Mhic
Thomáisín ag maíomh gaoil leo. Fuair an chéad Tyrone seo bás nuair a bhí
Tyrone aisteoir bliain d'aois. Thug a mháthair an leanbh óg chun cónaithe
le fear gaoil aici i gCaerdydd. Clódóir ba ea an fear seo agus bhí Tyrone
óg mar phrintíseach aige. Dhéanaidís obair chlódóireachta don amharclann
agus is mar sin a chuir sé spéis san aisteoireacht. Bhris sé croí na máthar
nuair a d'imigh sé ag fánaíocht le buíon aisteoirí. Bhí sé dathúil dea-
chumtha agus ról an duine uasail a thógadh sé de ghnáth, gan le déanamh

aige ach a bheith ag spaisteoireacht ar an stáitse. Phós sé nuair a bhí sé 19 bliana d'aois agus nuair a fuair a bhean airgead le huacht d'fhág sé an stáitse. Ach d'fhill sé nuair a bhásaigh Charles Connor, príomhaisteoir Éireannach London. Tig linn a thomhas ó ainmneacha na bpáirteanna an saghas róil a thógadh an Paorach: Looney McTwoler, Larry Hoolagan, Captain O'Cutter, Sir Patrick O'Plenimo, Denis Brulgruddery, Lucius O'Trigger... Chun an áiféis seo a thabhairt os comhair an phobail d'fhaigheadh sé £120 sa tseachtain, £5000 in airgead an lae inniu. Agus ní chaití cáin a íoc! Ní raibh aon bhliain nach dtagadh sé go dtí an Amharclann Ríoga i mBaile Átha Cliath. Go gairid i ndiaidh dó a bheith anseo den uair dheiridh cailleadh é ar an *President*, an long ghaile ba mhó dá raibh ann. Mhaígh bainisteoir na hamharclainne i mBaile Átha Cliath go mbeadh sé thíos míle punt lena bhás gach bliain feasta.

Radharc ar Bhaile Átha Luain ón Iarmhí

21 Rinne Godfert de Ginkel léigear ar Bhaile Átha Luain, 1691. D'éirigh chomh maith sin in Éirinn leis an Ollannach seo go ndearnadh Iarla ar Bhaile Átha Luain de i 1692. Cé go raibh sé 63 bliana d'aois an bhliain dár gcionn ghlac sé páirt i gcath Landen mar ar maraíodh an Sáirséalach. Bhí baint éigin aige le Baile Átha Luain, rud nach raibh ag fear eile a raibh an teideal aige, Alexander Augustus Cambridge, a bhí ina Ard-Ghobharnóir ar an Afraic Theas ó 1923 go 1930. Bhí an Rí Seoirse V pósta ar a dheirfiúr.

22 Pól Ó Cuilinn ina chairdinéal, 1866. Ba é an chéad Éireannach é ar tugadh an hata dearg dó agus is dócha nach raibh aon easpag is mó a d'fhág a rian ar an eaglais Chaitliceach Rómhánach in Éirinn ná é.

23 Fógraíodh Aodh Ó Néill ina mheirleach, 1595. Mar a chuireann an focal Béarla *outlaw* i gcéill bhí an meirleach taobh amuigh den dlí; ní raibh cosaint an dlí aige. Bhí uair ann i Sasana, áfach, i bhfad roimh aimsir Uí Néill, nuair ab ionann faoin dlí an *outlaw* agus an mac tíre: bhí cead a mharaithe ag aon duine. Mhair cuid den scéin sin sa téarma.

24 Bás an ghrianghrafadóra Robert French, 1917. Ba é seo an fear a ghlac an chuid is mó ar fad de na grianghraif i mBailiúchán Lawrence sa Leabharlann Náisiúnta. Ní aithneofaí go ceann tríocha bliain eile gurbh eisean fear na healaíne agus capall na hoibre ag Lawrence. I mBaile Átha Cliath a rugadh é, an 11 Samhain 1841. Chaith sé cúpla bliain i gConstáblacht Ríoga na hÉireann sula ndeachaigh sé le grianghraf-adóireacht.

25 Crochadh Udham Singh, 1941. Dílleachta linbh ba ea é agus chonaic sé lena shúile féin an t-ár a rinneadh in Amritsar sa Phuinseaib i 1919 nuair a maraíodh 379 duine. Bhí a dheartháir féin i measc na marbh. Deirtear gur mhionnaigh sé an lá sin go n-agródh sé an t-ár seo ar an mbúistéir a rinne é. Ach go ceann 24 bliana níor éirigh leis teacht go Sasana. Bhí sé suite de gurbh é Sir Michael O'Dwyer an búistéir agus is in Éirinn a bhíodh seisean an chuid is mó den am. Ní bhfuair an tIndiach an deis a bhí uaidh go dtí 13 Márta 1941. Bhí Sir Michael i láthair an lá sin ag comhchruinniú den Royal Asian Society agus an East Indian Association. Bhí labhartha ag lucht an ardáin ar fad nuair a sheas Udham Singh os a gcomhair gur scaoil sé urchar leo. Go míorúilteach níor maraíodh ach Ó Duibhir. Crochadh an tIndiach ach is beag rírá a bhí ina thaobh san India in ainneoin gur chaith an trú bocht 42 lá ar stailc ocrais, mar bhí cogadh domhanda faoi lánseol. Ceithre bliana fichead ina dhiaidh sin tugadh an corp abhaile agus iompraíodh é ar fud na hIndia. Tar éis é a chréamadh scaipeadh an luaithreach ar uiscí beannaithe na Gainséise. B'as Dún Droma i dTiobraid Árann don Duibhreach mí-ámharach. B'fhéidir nár ghnáth-Éireannach amach is amach é ach bhí gaol aige le Seán Ó Duibhir an Ghleanna agus chuaigh eachtraí Mhichíl Uí Dhuibhir i 1798 i gcion air go mór nuair a bhí sé ina bhuachaill scoile. Bhí sé ar dhuine de na buachaillí cliste sin as ceantair tuaithe na Mumhan a fuair na marcanna is airde sna scrúduithe státseirbhíse nuair a tosaíodh ar dhaoine a earcú de bharr a gcumais i ndiaidh 1871. Níorbh aon ghinearál ná búistéir é ach riarthóir ar éirigh leis a bheith ina Ghobharnóir ar an bPuinseaib. Bhí de mhí-ádh air gur ceapadh fear darb ainm Sir Reginald Dyer i gceannas ar an arm ann. Ait go leor, bhí baint ag a mhuintirsean le hÉirinn agus bhí sé ar scoil anseo. Ba é *Dyer* seachas *O'Dwyer* búistéir Amritsar.

26 Acht chun daoine ar gearradh pionós báis orthu a chur thar loch amach go dtí an Astráil, 1849. Dúirt an tÉireannach Óg William Smith O'Brien gurbh fhearr leis bás a fháil ach tugadh amach go Dún Laoghaire é le cur ar bord an *Swift* a bhí ag triall ar Van Diemen's Land.

27 Acht um Oideachas Éigeantach, 1892. Bhí d'fhoráil ann den chéad uair go gcaithfeadh páistí dul ar scoil. Go nuige sin ba iad na sagairt agus na ministrí a chuireadh brú ar thuismitheoirí a muirníní a chur ar scoil i dtreo go bhfaighfidís teagasc creidimh. Is iomaí scoil ar bheag ar fad a bhíodh ag freastal ar ranganna a cúig ná a sé inti. Níor bhain foráil nua seo 1892 ach le cathracha agus bailte móra. Agus fiú faoin acht nua níor ghá do dhalta os cionn 11 bhliain d'aois a bheith ag freastal ar scoil dá mbeadh teastas aige ón bpríomhoide á dhearbhú go raibh léamh, scríobh agus áireamh aige. Agus bhí leithscéalta go leor a gcaithfeadh na húdaráis scoile glacadh leo: cónaí a bheith ar an bpáiste níos mó ná dhá mhíle ón scoil, nó práinn a bheith le gnó feirme nó iascaigh. Ó bunaíodh an córas náisiúnta in 1831 bhí formhór mór na bpáistí ag fágáil scoile sula mbeidís aon bhliain déag d'aois. Ar meán bhíodh leath na bpáistí as láthair gach lá. D'achtaigh an stát dúchais dlí nua i 1926: taobh amuigh de na cathracha ba iad an Garda Síochána a chuirfeadh an dlí i bhfeidhm. Ceapadh ball den Gharda i ngach beairic chun an ghnó sin agus d'éirigh leis an socrú nua, go ceann tamaill. Ach de bharr ciorrú airgeadais bhí sé deacair cúram na bpáistí a fhágáil faoi gharda ar leith. Agus bhíodh na cúirteanna róbhog ar thuismitheoirí. Réal an fhíneáil a ghearrtaí go minic. Sa chúirt b'fhéidir go mbeadh ar an bhfear céanna, an lá céanna, deich scillinge a íoc as a asal a bheith gan chrúite!

28 Na chéad mhic léinn i dTeach Dhún Búinne, 1812. Ceapadh Seán de Buitléir ina easpag Caitliceach ar Chorcaigh nuair a bhí sé 33 bliana d'aois. Bhain trioblóid éigin leis an gceapachán toisc go raibh sé ar leathshúil. Trí bliana fichead ina dhiaidh sin tháinig sé in oidhreacht theideal agus thailte Dhún Búinne. Bhí sé i bponc. Mura bpósfadh sé thiocfadh deireadh leis an teideal nuair a d'éagfadh sé. D'iarr sé cead ar an Vatacáin pósadh. Níor fhan ar fhreagra ach phós bean óg. Chuir an Pápa litir chuige ag impí air aithrí a dhéanamh. Ansin d'iompaigh an Buitléarach ina Phrotastúnach. Cumadh bailéid. 'The infamous Dunboyne is the hero of every conversation', a scríobh Easpag Fhearna. Bhí scéalta béaloideasúla á n-insint: gur éist sé faoistin duine a bhí ag fáil bháis toisc nár fhéad sé a dhearmad gur sagart a bhí ann. Níor mhair an leanbh a rugadh dó agus bhain daoine pisreogacha a mbrí féin as sin. Thosaigh an Buitléarach féin ag ceapadh gurbh é díoltas Dé é. Nuair a bhí sé ag saothrú an bháis in 1800 d'iarr sé ar an Róimh glacadh ar ais leis. Chuir ardeaspag Bhaile Átha Cliath

Agaistíneach chuige. Cuireadh sochraid rúnda air i Mainistir na nAgaistíneach i bhFiodh Ard. D'fhág sé Caisleán Dhún Búinne le huacht ag Coláiste Phádraig, Maigh Nuad, agus is chun breis oiliúna a chur ar na scoláirí ab fhearr a bhain an coláiste feidhm as.

29 Rugadh Teresa Brayton i gCill Broc, an Bóthar Buí, Co. na Mí, 1868. Murab ionann agus go leor de lucht cumtha amhrán deoraíochta bhí Teresa (Ní Bhaollláin) ar deoraíocht nuair a scríobh sí 'The Old Bog Road'. D'éag sí 19 Lúnasa 1943 sa seomra céanna inar rugadh í.

30 Tús dlíthiúil le Luacháil Griffith, 1852. Nuair a d'éag Richard Griffith ba bheag sa tír bhí in-oibre leis. San oíche a dhéanadh sé gach turas fada chun nach gcuirfeadh sé amú aon chuid de sholas an lae. Agus chaith sé a shaol ag taisteal ó cheann ceann na hÉireann. Ba é a thiomsaigh an chéad mhapa geolaíoch den tír. Na bóithre ba dheacra ó thaobh na hinnealtóireachta de ba é a thóg iad: an bóthar ón nGleann Garbh go Neidín; na línte ó Thulach Seasta go Durlas agus ón Aonach go baile Thiobraid Árann. Leag sé amach teorainneacha na 70,000 baile fearainn. Ach is é is mó a luaitear leis inniu an luacháil talún agus tithe úd a bhfuil gach cáin áitiúil ó shin bunaithe air. Bhí luacháil ann roimh Griffith ach is ar mhodh eolaíoch a thug seisean faoin obair. Chuir sé treoracha ar fáil dá luachálaithe i dtaobh conas torthúlacht na gcréanna éagsúla a mheas. Níor leor leis an talamh a mheas ar a fheabhas nó ar a dhonacht a bhí barra. Acra in aice trá b'fhiú ceithre scillinge breise é. B'fhiú cúig scillinge sa bhreis an t-acra a bhí faoi leathmhíle de bhaile mór. Bhíodh triúr luachálaithe ag obair i dteannta a chéile agus 300 acra á luacháil acu gach lá. Ach ba leor an t-aga céanna chun suas go 1500 acra de thalamh sléibhe a luacháil. D'éag Griffith 22 Meán Fómhair 1878, dhá lá sular shroich sé 94.

IÚIL

1 Bás Chathail Uí Chonchubhair, 1790. Ba é faoi deara go raibh cáil an léinn dúchais ar Bhéal Átha na gCarr san 18ú céad, gur lóchrann ag lucht éigse agus ceoil i gConnachta é nuair ba ghéire an gá. Mallaí Ní Ruairc Bhréifne ba mháthair dó, an 'Mallaí na ráite suairc' ar chum Ó Cearbhalláin an t-amhrán ina taobh, agus deireadh seisean gur i mBéal Átha na gCarr amháin a thagadh anam i gceol na cláirsí. Shíolraigh Cathal go díreach ó athair an Ruairí úd a bhí ina Ard-Rí ó 1166 amach. Ach trí ghlúin ó rí go rámhainn. Faoin am ar rugadh Cathal ar éigean má bhí talamh ar bith ag a athair. Deireadh seisean lena mhic: 'Ná bígí sotalach droch-bhéasach leis an bhfear bocht. Is mac duine uasail mise ach is clann treabhdóra sibhse'. D'éirigh leis an athair seilbh a fháil arís ar Bhéal Átha na gCarr i 1720. Cois teallaigh a cuireadh oideachas ar Chathal: bráthair bocht gan Béarla ar dtús agus ansin a uncail, Easpag Chill Ala, a bhí ar a choimeád. D'fhoghlaim sé matamaitic agus eolaíocht in acadamh i mBaile Átha Cliath agus bhí ina bhall den chiorcal liteartha úd sa chathair a raibh baint ag Tadhg Ó Neachtain agus ag Aodh Buí Mac Cruitín leis. Ó Cearbhalláin féin a mhúin an chláirseach dó agus is cosúil gurbh amaitéarach den scoth é. I nGaeilge a scríobhadh sé a chín lae agus tá

raidhse tagairtí ann do cheoltóirí. I nGaeilge freisin a choinníodh sé a chuntais feirme agus d'fhoilsigh Dubhghlas de hÍde cuid díobh in *Irisleabhar na Gaedhilge*. Bhí sé ar phríomhbhunaitheoirí an Chumainn Chaitlicigh a d'fhéach le faoiseamh a fháil agus scríobh *Dissertations on the ancient history of Ireland*, 1753.

2 Fuadach mná i dTiobraid Árann, 1854. Nuair a thug John Carden iarracht ar Eleanor Arbuthnot a fhuadach agus í ag filleadh ó sheirbhís eaglaise i bhFiodh Ard bhí an tír ag caint air. Tiarna talún agus breitheamh ba ea Carden agus bhí sé ina leasleifteanant ar an gcontae. Sasanach ba ea Eleanor Arbuthnot agus bhí sí ar chuairt fhada ag a deirfiúr, bean an Chaptaen Gough, i Ráth Rónáin. Bhí sí chomh dathúil sin go raibh boicíní an chontae i ngrá léi. Bhí Carden splanctha ina diaidh. Ach nuair a chuir sé ceiliúr pósta uirthi tugadh an t-eiteachas dó. Chreid sé, áfach, gurbh iad a muintir a bhí ina aghaidh, go raibh sí féin i ngrá leis. Níor choir ghránna fuadach má bhí an bhean toilteanach. Bhí a lucht oibre sásta cabhrú leis ar an mbonn go mbeadh Eleanor ag comhoibriú leo. Ach ba iad na mná ab fhíochmhaire a throid. Theith Carden ach tháinig na pílir suas leis gar dá chaisleán féin agus sacadh i bpríosún é. Bhí gach ógbhean uasal ag iarraidh a bheith ag an triail i gCluain Meala. Tugadh fianaise go raibh suas le £7000 caite ag Carden ar na réitithe don fhuadach agus go raibh galtán ag feitheamh i gCuan na Gaillimhe chun an lánúin a thabhairt go Londain. Gearradh dhá bhliain príosúnachta air. Níor leigheas sin é. Bhíodh sé ag crochadh thart ar na tithe a bhí ag Gough sa Charraig Dhubh agus Loch Cútra. B'éigean dó dul i mbannaí sa chúirt i nDún Laoghaire nach mbrisfeadh sé an dlí. Ní foláir nó bhaineadh a thionóntaí pléisiúr mór as na himeachtaí seo. 'An Creabhar' an leasainm a bhí acu air toisc a mhinice a rinneadh iarracht ar é a lámhach nuair a bhíodh daoine á gcur as seilbh.

3 Bás Dorothy Jordan sa Fhrainc, 1816. *Nom de plume* ba ea Jordan agus ghlac an t-aisteoir seo leis toisc go raibh sí ag éalú ó Richard Daly, bainisteoir amharclainne ó Ghaillimh. Ba as Port Láirge do Dorothy agus Bland ba shloinne dá hathair. Bhí sí ar an mbanaisteoir coiméide ba cháiliúla lena linn i Sasana. A gáire nádúrtha anamúil a thaitin leis an bpobal. Thit Diúc Clarence (Liam IV ina dhiaidh sin) i ngrá léi agus rug sí deichniúr leanaí dó. Bhí cúigear aici roimhe sin. Choinníodh sí airgead lena máthair agus a gaolta agus sa bhliain 1815 b'éigean di teitheadh thar loch amach óna creidiúnaithe.

4 Bonn óir Oilimpeach, 1904. Mar laoch bhí Tom Kiely inchurtha le Matt the Thrasher in *Knocknagow*. Fidléir agus feadánaí maith ba ea é agus

fear a dhéanfadh céim rince chomh beo le haon fhear. Iománaí agus peileadóir ba ea é. Agus bhí trí thréith na Féinne aige: glaine ina chroí, neart ina ghéag agus beart de réir a bhriathair. Bhí Éire agus Albain ar comhscór i gcomórtas lúthchleasaíochta in 1895. Ní raibh fágtha ach an léim fhada. Bhí Tom á ghléasadh féin ina phuball, a chion de na comórtais buaite aige. Ach b'éigean glaoch arís air. Gan fiú iallacha a bhróg a cheangal rith sé amach gur thug léim mhór mhillteach agus sháraigh curiarracht na hAlban. D'impigh Gaeil Mheiriceá air cur isteach ar an gCoimhlint Deich Mír nuair a bhí na Cluichí Oilimpeacha agus an Taispeántas Domhanda ar siúl in éineacht i St Louis. Bhuaigh sé an chliathreathaíocht, an casúr, an meáchan 56 punt agus an siúl míle. D'éirigh thar cionn leis sna léimeanna agus sna comórtais eile agus bhain an bonn óir nó craobh an domhain. Bhí Éireannaigh ar mire le háthas agus chuathas bog agus crua ar Tom fanacht sna Stáit. Ach mar a dhéanfadh Matt the Thrasher d'fhill sé abhaile. Chaith sé saol fada ann faoi mheas. Thóg muintir na háite leacht breá le hómós dó os comhair an tséipéil i mBaile Uí Néill, a bhaile dúchais in aice le Carraig na Siúire.

5 Rugadh William Lawrence, grianghrafadóir, in Ardoifig an Phoist, 1840. £300 a d'íoc an Leabharlann Náisiúnta ar Bhailiúchán Lawrence: 40,000 de ghrianghraif luachmhara. Conas a tharla gur in Ardoifig an Phoist a rugadh é? Bhí post mar shaoiste oibreacha ag a athair ann. Is íorónta gur loiteadh go leor de phictiúir agus de threalamh Lawrence i rith Éirí Amach na Cásca.

6 Maolmaodhóg á chanónadh, 1190. Is gnách Lorcán Ó Tuathail, Fearghail (nó Vergilius), agus Oilibhéar Pluincéad a áireamh mar naoimh lánoifigiúla agus Maolmaodhóg a fhágáil ar lár. Chuaigh sé chun tairbhe dó sin gur scríobh Bernardus Clairvaux a bheathaisnéis agus gur mhol sé don Phápa Eugenius gur ar shampla Maolmaodhóg a mhúnlódh sé a bheatha. Tugtar an chreidiúint d'fhear Ard Mhacha freisin gurbh é a chuir eagar na Róimhe ar an eaglais in Éirinn.

7 Bás Arthur Conan Doyle, 1930. Albanach ba ea é ach b'as Éirinn dá sheacht sinsear. Ach 'Sasanach' tírghrách ba ea é agus níor fhéad sé a shamhlú go mbeadh Éire deighilte ó Shasana. 'England and Ireland are wedded together with the sapphire ring of the sea and what God has placed together let no man pluck asunder'. Tá sórt Éireannachais ag baint lena shaothar. Bhí i gceist aige Sherrington Holmes a thabhairt ar a laoch ach chuir an sloinne Gaelach ina áit ag an nóiméad deiridh. Agus cé a roghnaigh sé le Holmes a mharú? Moriarty gan amhras.

8 Teacht Eoghain Rua Uí Néill i dtír ag Caisleán na dTuath in aice leis an gCraoslach, 1642. Ó Fhlóndras a tháinig sé go dtí an daingean seo ar le Clann tSuibhne na dTuath é uair. Sa chaisleán sin a bhí Aodh Rua Ó Dónaill ar altramas. Bhí cónaí ann go dtí 1900 agus is ceann dár séadchomharthaí náisiúnta anois é.

Ospidéal an Rotunda, Baile Átha Cliath

9 Cloch bhoinn Ospidéal an Rotunda, 1751. B'fhéidir a rá go bhfuil ceantar amháin i mBaile Átha Cliath a bhfuil nasc buan ann idir máithreachas, nó cnáimhseachas, agus ceol, amharclannaíocht agus caitheamh aimsire: Cearnóg Pharnell. An Dr Bartholomew Mosse (1712-1759) faoi deara an nasc sin. I bPort Laoise a rugadh é. Bhunaigh sé, i Lána Sheoirse, Baile Átha Cliath, an chéad ospidéal máithreachais ní hamháin in Éirinn ach in Impireacht fhairsing na Breataine. Bhí sé féin agus an t-ailtire Richard Cassells tugtha don cheol. Ba mhinic sna tithe tábhairne go dtí a trí nó a ceathair ar maidin iad. B'fhéidir gur ag ceann de na seisiúin sin a rith sé le Mosse ospidéal nua a thógáil ar an bpíosa talún atá taobh thuaidh de Shráid Shaicfil. Gheall Cassells go bpleanálfadh sé dó é. Ní raibh ag Mosse ach £500 ach ba leor é chun léas a fháil ar an talamh. Is chun airgead a bhailiú don ospidéal a leagadh amach na gairdíní agus a tógadh seomraí le haghaidh caidrimh. Móruaisle na cathrach amháin a dhéanadh spraoi iontu agus thosaigh a leithéidí ag cur fúthu sna tithe nua a bhí á dtógáil ar gach taobh den chearnóg. D'athraigh an saol go mór ó shin ach ó thús an 20ú haois bhí cáil ar an áit mar láthair hallaí rince, amharclann, agus pictiúrlann. Agus gan amhras tá an t-ospidéal a bhunaigh Mosse lán i gcónaí de mháithreacha agus dá nginte binnghlóracha.

10 Shroich an traein Bré, 1854. Ba ghnách 'Céad ionad saoire cois farraige na hÉireann' a thabhairt ar Bhré. Bhí baint mhór ag teacht an iarnróid leis an ngradam sin a bheith aige. D'infheistigh tógálaí mór na n-iarnród, William Dargan, a chuid airgid sa bhaile. Thug trí thraein na stiúrthóirí agus a gcairde ó Bhaile Átha Cliath an chéad lá sin agus bhí tae agus rince acu ar ardán an stáisiúin agus na Chéad Dragúin, banna míleata, ag seinm ceoil dóibh.

11 Oscailt Ardoifig an Phoist i ndiaidh a hatógála, 1929. Idir tús an 17ú haois agus 1783 is iomaí suíomh ar an taobh theas den Life a bhí ag an Ardoifig. Thrasnaigh sí an abhainn in 1818 go dtí an t-áras a bhí tógtha lena haghaidh ag Francis Johnston ar chostas £50,000. Seirbhís an phoist a d'fhág gurbh in é lár na cathrach feasta. Ní nach ionadh chuir Éirí Amach 1916 leis an ngradam sin fiú má fágadh an foirgneamh ina smionagar. Baineadh úsáid as na pleananna bunaidh chun é a atógáil agus nuair a d'oscail Liam Mac Cosgair é b'fhéidir a rá gurbh é lár an stáit é ar bhealach úrnua: ba ann a bhí stáisiún nua craolacháin na hÉireann.

12 Litreacha paitinne leathphinginí Wood, 1722. Bhí ganntanas mionairgid in Éirinn agus chuir William Wood, mangaire iarainn in Wolverhampton, isteach ar chonradh a bhíothas a thairiscint. Bhí de thoradh air gur chuir sé luach £17,000 de bhoinn amach. Ní raibh locht ar na boinn féin ach amháin gurbh í Parlaimint Shasana a thug cead a ndéanta. Níor ceadaíodh Parlaimint na hÉireann. Anuas air sin thug an Rí Seoirse paitinn an airgid nua don stiúsaí mná ón nGearmáin a raibh sé ar adhastar aici. Rinne sí brabach £10,000. Bhí onóir na hÉireann i gceist!

Ach nuair a chuir ár bParlaimint in aghaidh na maslaí seo dúradh leo mura nglacfaidís leis na leathphinginí seo go sáfaí siar ina scornach iad. Ag an bpointe seo d'éirigh gaiscíoch chun ár n-oineach a theasargan. Mar dhea gurbh éadaitheoir é, scríobh Swift litreacha áiféiseacha. Dar leis go raibh na boinn seo róthrom agus an feirmeoir a bheadh ag íoc £200 cíosa go dteastódh trí chapall agus carr lena n-iompar. Bhí cíosanna dar luach £16,000 ag teacht gach bliain chuig an Spéicéir Ó Conaola, Ceann Comhairle Pharlaimint na hÉireann. Dhá chéad go leith capall a theastódh chun an t-airgead sin a bhailiú agus siléir mhóra láidre chun na boinn a chur i dtaisce. Ba é freagra an Rialtais ar an áiféis seo nár ghá d'aon duine glacadh le níos mó ná luach cúig pingine go leith de na boinn ar earra ar bith. Ach chuir Swift an freagra seo féin chun tairbhe dá chás. B'ionann, dar leis, na cúig pingine go leith seo agus cíos nó CBL ar gach beart gnó. B'éigean na boinn a tharraingt siar, bhí gráin chomh mór sin orthu. Agus ba é an dála céanna é ag na boinn a chuir Wood go Meiriceá. Cibé ansmacht airgeadais a bhí ar siúl ag Sasana ba é Wood an buachaill bocht ar tugadh an léasadh dó.

Teach Gerald Griffin

13 Dúnmharú Eibhlín Ní Áinle, 1819. An fáth a bhfuil cáil ar an marú seo go raibh Gerald Griffin ag tuairisciú na trialach agus gur bhunaigh úrscéal air. Ansin scríobh Boucicault an dráma *The Colleen Bawn* agus chum Julius Benedict an ceoldráma *Lily of Killarney*. Bhí Eibhlín bhocht uchtaithe ag a huncail sa Mhainistir in aice le Cromadh i gCo. Luimnigh. Casadh uirthi Seán Ó Scanláin, boicín a raibh talamh agus maoin ag a mhuintir. Phós sé Eibhlín. Nó chreid sise gur phós agus chaitheadh sí fáinne an phósta. Thuirsigh sé di. Bhí siad thíos i gCarraig an Phoill agus d'áitigh seisean uirthi an tSionainn a thrasnú. Bhí Stiofán Ó Súilleabháin, bithiúnach de bhádóir, in éineacht leo. Amuigh i lár na habhann bhain siad an t-éadach di, chuir ceangal na gcúig gcaol uirthi, agus bhris sciathán léi sular chaith siad san uisce í. Murach gur dhíol an bádóir na héadaí b'fhéidir go n-éireodh leo dul saor. Níor gabhadh Ó Scanláin go ceann ceithre mhí. In ainneoin gurbh é Dónall Ó Conaill a bhí mar abhcóide aige crochadh é ar 16 Márta 1820. Gabhadh an Súilleabhánach an bhliain dár gcionn agus crochadh é. Ba iad muintir an fhoclóirí mhóir Peadar Ó Conaill i gCarn ba thúisce a tháinig ar chorp Eibhlín. Chuir siad í in uaigh an teaghlaigh i gCill Iomaí. Tá Peadar in aon uaigh léi. In ainneoin a shaothairsean is mó go mór fada atá cáil ar an gCailín Bán.

14 Bás Liam Rua Mhic Oitir, file, 1738. I gCurrach Dhiarmada in aice Chaisleán Uí Liatháin i gCorcaigh a rugadh é. An píosa is aitheanta dá dhéantús is ea an dán dar tús 'Aoibhinn duit, a dhuine dhaill / Ná feiceann puinn de na mná'.

15 Rugadh Henry Monck Mason, 1778. Garmhac ba ea é leis an Bartholomew Mosse a bhunaigh Ospidéal an Rotunda. In Áth na Sceire i gCill Mhantáin a rugadh é agus bhí sé comhuaineach le Tom Moore agus Roibeard Emmet i gColáiste na Tríonóide. D'éirigh leis a bheith ina phríomhleabharlannaí in Óstaí an Rí. Bhí baint ag cúrsaí creidimh lena spéis sa teanga Ghaeilge. Lena linn is ar éigean a bhí léamh na teanga ag Gaeilgeoir as an deich míle. Ní raibh an teanga ag an ministir ná ag an tiarna talún. Conas ab fhéidir mar sin daoine a chur ag léamh an Bhíobla? In 1818 bhunaigh Monck Mason agus an tEaspag Bob Daly cumann chun creideamh na hEaglaise Bunaithe a theagasc do Ghaeilgeoirí. Bhí Mason ina rúnaí air ar feadh i bhfad. Gach bliain chaithidís tuairim £4000 ag foilsiú bíoblaí agus ag fostú daoine chun iad a léamh os ard don phobal. Bhí torthaí idir olc agus mhaith ar obair an chumainn seo. Bhí sagairt anseo is ansiúd a shíl gur siocair pheaca a bheith in ann Gaeilge a léamh agus a chomhairligh lámhscríbhinní a dhó. Bhí drochamhras ar aon eaglaiseach Protastúnach a raibh Gaeilge aige. Ba é an toradh fónta a bhí ar an obair gur bunaíodh cathaoir na Gaeilge i gColáiste na Tríonóide. Shíl Monck Mason go raibh eolas maith aige féin ar an teanga agus scríobh sé graiméar. Níor leor leis an méid sin. Cháin sé an Ghaeilge a scríobhadh an scoláire Eoghan Ó Coindealbháin, a d'aistrigh *Annála Ríoghachta Éireann*. Bhí Seán Ó Donnabháin agus Tadhg Ó Coindealbháin ag tacú le hEoghan agus rinne siad Mason a scriosadh.

16 Acht um Chinsireacht Scannán, 1923. Ní raibh mórán de lucht ealaíon ná cultúir ag cur in aghaidh an dlí nua seo ar an ábhar nach n-áirítí scannáin go coitianta an uair sin i measc na n-ealaíon. Faoin acht seo bhí cead cinsire lánaimseartha a cheapadh. Ní raibh cead achomhairc go 1964.

17 D'fhógair Aire Airgeadais na Dála gur tugadh don iasacht náisiúnta inmheánach £40,000 mar bhreis ar an £250,000 a iarradh, 1920.

18 Rugadh an cruicéadaí mór W.G. Grace, 1848. Cuid de bhéaloideas an chruicéid an chuairt deiridh a thug sé ar Éirinn. In 1903 chruinnigh na sluaite isteach ar fhaiche Choláiste na Tríonóide lena fheiceáil. Dúirt fear barrúil go raibh an babhlálaí ba chumasaí in Éirinn sa láthair dá mba áil leis an bhfear mór é a thástáil. Cé a bheadh ann ach an mac barrúil aitheanta 'Endymion'. Fitsimons Ó Fearaíl a cheartainm agus bhí sé éadrom sa cheann de bharr timpiste a tharla nuair a shábháil sé cara a bhí á bhá i ndabhach pórtair. Bhíodh claíomh ar iompar aige agus shíl sé gur dhuine den uasaicme é. Is cosúil gur thuig Grace cad a bhí i gceist agus an t-aon liathróid a bhabhláil Endymion go díreach chuige lig Grace di an geaitín a leagan, rud a thaitin go mór leis an slua.

19 Bás Bhantiarna Uíbh Eachach, 1744. Ba í seo Mairéad de Búrca, an 'dea-bhean a fuair gradam is meidhir thar mhná' le linn di a bheith i gCill Chais. Cailleadh a céad fear, an Bíocunta Uíbh Eachach, i 1692 nuair a bhí sé in arm na hOstaire. Phós sí Tomás de Buitléir ó Chill Chais sa Fhrainc i 1696. Bhí deirfiúr léi pósta ar Phádraig Sáirséal agus phós a hiníon Hanora an Vailintín Brún úd ar scríobh Aogán Ó Rathaille an aoir air.

20 Díospóireacht faoin nGaeilge i bParlaimint na Breataine, 1900. Vóta an bhunoideachais a thug deis an dátheangachas sna scoileanna a phlé. Bhí an Páirtí Éireannach ag iarraidh go múinfí an Ghaeilge i scoileanna na Gaeltachta den chéad dul síos agus sna scoileanna i gcoitinne freisin. Scríobh beirt tuairiscí ar an díospóireacht ar *An Claidheamh Soluis* 28 Iúil 1900. I nGaeilge a bhí 'Conán Maol' (Pádraig Ó Sé) ag scríobh. Duine de ghramadóirí na haimsire sin, Seán Ó Catháin, a thuairiscigh i mBéarla – gariníon dó an Banbharún Detta Ó Catháin. Scríobh Conán: 'Bhí bruíon acu an tseachtain seo a ghabh tharainn ach ní le bata draighin ná claíomh ach le teanga agus is iad Feisirí na hÉireann agus Feisirí Shasana a bhí ag troid le chéile i dtaobh na Gaeilge'. Ach thabharfá leat ó thuairisc Uí Chatháin nach raibh d'fheisirí an rialtais sa láthair ach cúigear nó seisear de Thóraithe agus go raibh siad sin ina gcodladh. 'The Irish Party was well supported by speeches from a Welsh Radical, a Scotch Radical, and an Irish Radical, and, in the first demand, by an English Unionist'. Dúirt sé freisin gur léirigh Gerald Balfour, Príomh-Rúnaí na hÉireann, bá le cúis na teanga ach gur sórt teanga liom leat a bhí ar siúl aige agus gurbh é a shamplasan a lean Horace Plunkett. Ba é an Feisire Rentoul ó Cho. an Dúin ba threise a labhair in aghaidh na teanga agus chuir seisean i leith an sé dhuine dhéag d'Fheisirí na hÉireann a labhair ar a son nach raibh ar a gcumas cúig fhocal déag as a chéile den Ghaeilge a labhairt. 'Thug tú éitheach', a d'fhreagair duine díobh. Ach níor thuig an Ceann Comhairle go raibh caint neamhpharlaiminteach déanta aige. Lean an díospóireacht ar feadh ocht n-uair an chloig agus rinneadh vótáil ag ceathrú tar éis meán oíche. Cibé poll as ar tháinig feisirí an rialtais buadh ar an nGaeilge le 104 in aghaidh 70.

21 Deireadh á chur le Briogáid na hÉireann ag Comhdháil Náisiúnta na Fraince, 1791. Cuireadh tús leis na reisimintí Éireannacha nuair a thug Saoirbhreathach Mac Cárthaigh (an Tiarna Mountcashel) 5000 saighdiúir anonn i 1690 chun troid in arm Louis XIV. Tar éis 1791 bhí ainmneacha mar an 87ú, 88ú, 92ú... ar reisimintí Diolúin, an Bhreatnaigh, Berwick, etc.... Bhí reisimintí Clare agus Lally agus a thuilleadh díobh imithe le fada. D'fhág cuid mhaith de na hoifigigh an Fhrainc nuair a tháinig deireadh leis an mBriogáid, cuid acu chun cabhrú leis an gclann ríoga, cuid eile chun

dul in arm na Breataine. I measc na nginearál cáiliúil a maraíodh ar an ngilitín bhí Art Diolún agus Séamas Ó Móráin.

22 Ár i nDroichead Abhann Ó gCearnaigh, 1852. Seachas aon chontae eile, tá an Clár spéisiúil ó thaobh toghchánaíochta de. Bhí an Coirnéal Vandaleur ina iarrthóir ag an bPáirtí Coimeádach sa toghchán áirithe sin. Thoiligh Marcas Conyngham vótaí a chuid tionóntaí a thabhairt dó. Tugadh na híochtaráin seo isteach go cathair Luimnigh chun lóistín na hoíche a bheith acu agus thug carranna amach go dtí an vótáil i nDroichead Abhann Ó gCearnaigh iad. Bhí saighdiúirí faoi cheannas giúistís darbh ainm Delmege á dtionlacan. Ar feadh an bhóthair bhíothas á gcrústáil le clocha. Ach is sa bhaile féin a thosaigh an trioblóid i ndáiríre. Bhí slua mór bailithe rompu agus chaith siad go dona leis na saighdiúirí. Níor fhan siadsan foighneach. Scaoil siad leis an slua agus mharaigh seisear agus ghortaigh cuid mhór. Chúlaigh an slua agus tuairiscíodh go raibh míle olagón astu sa bhaile féin agus sna goirt ar gach taobh. Ba é breithiúnas an choiste cróinéara go raibh Delmege agus ochtar de na saighdiúirí ciontach i ndúnmharuithe toiliúla. Seacht mí ina dhiaidh sin scaoil an Mór-Ghiúiré saor iad. Ní éistfidís leis na cúisimh. Bhí sé ceadaithe iallach a chur ar dhaoine a vótaí a chaitheamh ar bhealach áirithe. Ach ní raibh cead cur in aghaidh na camastaíola sin. Is inspéise gur sa bhliain 1852 a rugadh an Canónach Ó Síocháin agus gur *Luke Delmege* is teideal do cheann dá úrscéalta.

23 Rugadh Raymond Chandler, 1888. Ba as Port Láirge do mháthair an mhórscríbhneora Mheiriceánaigh seo. Florence Thornton ab ainm di. Chaitheadh Raymond saoire an tsamhraidh i bPort Láirge agus deirtear gur fhág an t-éirí in airde a d'fheiceadh sé ann i measc na n-uasaicmí rian air.

24 Rugadh John Philpot Curran, 1750. Moltar é ar a thírghrá, ar a mhéid a rinne sé ar son Fhuascailt na gCaitliceach, ar an gcosaint a rinne sé sa chúirt ar mhuintir '98 a raibh Tone ina measc, ar a chumas chun grinn agus chun amhráin a chumadh. Ach cáintear é ar a mhíthrócairí a chaith sé lena iníon Sarah toisc a cumainn le Roibeard Emmet.

25 Maraíodh Aodh de Lása i nDarú, 1186. Naoi mbliana ina dhiaidh sin cuireadh a chabhail lúide an cloigeann i Mainistir Bheigtí sa Mhí. Ag Mainistir Naomh Tomás i mBaile Átha Cliath a bhí an cloigeann. Bhí aighneas idir an dá mhainistir seo i dtaobh cé acu a bhí i dteideal na dtaisí ina n-iomláine. Bhí úinéireacht thalamh an Lásaigh i gceist agus b'éigean don Phápa comhthionól eaglasta a bhunú chun teacht ar réiteach.

Mainistir Bheigtí

26 Eirleach i Reachlainn, 1575. Eachtránaí i gCúige Uladh ba ea Walter
Devereux, Iarla Essex, ach ní raibh ag éirí go rómhaith leis an iarracht a
bhí ar siúl aige. Go laethúil bhíothas ag cur scéala ar ais go cúirt Eilíse i
dtaobh a chuid teipeanna agus ag cur leo. Is as a phóca féin a bhí costais
na sluaíochta míleata seo á n-íoc aige agus bhí sé gan amhras á bhochtú in
aghaidh an lae leis. Bhí ag teip air go háirithe sna scirmisí le Somhairle Buí
Mac Dónaill. Bheartaigh sé go gcaithfeadh sé bua a bhreith ar Shomhairle.
Bhí caisleán ag an Dónallach i Reachlainn agus bhí seandaoine, mná agus
páistí seolta aige chun an oileáin chun go mbeidís sábháilte. Daichead a
bhí mar gharastún ann. Bhí trí long ar ancaire ag Francis Drake in aice le
Carraig Fhearghais agus thug siad trí chéad saighdiúir faoin gCaptaen
Norris agus cúpla gunna mór i dtír ar an oileán. Tar éis léigear trí lá ghlac
fear ceannais an gharastúin le tairiscint go spárálfaí é féin agus a bhean.
Mharaigh na saighdiúirí gach duine eile idir óg is aosta, tuairim 240 ar fad.
Tharlaíodh eirligh chomh dona leis san am ach bhain uafás ar leith lena
leithéid ar oileán beag. Agus níor bhain aon tairbhe mhíleata leis. Fuair
Devereux bás den dinnireacht i mBaile Átha Cliath an bhliain dár gcionn.
Rug droch-chríoch freisin ar a mhac cáiliúil Richard. Maidir le Drake ba
bheag a pháirtsean san uafás. Bhí an ghlóir go léir i ndán dó go fóill, chomh
maith le ridireacht, agus is cinnte gur bheag a bhíodh le rá aige i dtaobh
an eirligh i Reachlainn.

27 Bás Norbury, 1831. Dúirt Emmet ina óráid ó ghabhann na cúirte go bhféadfadh an breitheamh seo snámh i lochán lena raibh d'fhuil doirte aige. Cad a bhí i gceist aige? Ceapadh John Toler nó an Tiarna Norbury ina Ard-Aighne i 1798 agus ba é a bhí freagrach as go leor de na hÉireannaigh Aontaithe a chúiseamh. An chaoi ar chaith sé leis na deartháireacha Sheares chuir sé masmas ar an eite dheis féin. Ach bhí fuil doirte ar bhealach eile ag Norbury. Bhí sé ullamh i gcónaí dúshlán chun comhraic aonair a thabhairt nó a fhreagairt. Ba de shliocht Cromalach i dTiobraid Árann é. Toghadh é ina fheisire parlaiminte do Thrá Lí agus thug sé le tuiscint don rialtas láithreach go bhféadfaidís ní hamháin a vóta ach a dhílseacht freisin a cheannach. Nuair a labhair sé ar feadh dhá uair an chloig in aghaidh bille a thabharfadh faoiseamh do Chaitlicigh, gan argóint ar bith a dhéanamh, bhronn an rialtas teideal ar a bhean. Toisc gur thacaigh sé le hAcht an Aontais a ceapadh é ina Phríomh-Ghiúistís. Dúirt fear barrúil: 'Bíodh sé agaibh mar easpag nó fiú mar ardeaspag ach ar son Dé ná déan Príomh-Ghiúistís de'. Is cosúil gur shuarach le rá a raibh d'eolas aige ar an dlí. Bhí sé claonta in aghaidh na gCaitliceach. Bhí sé cruachroíoch sa chúirt. Agus bhí sé tugtha don bhreallántacht agus don áiféis. Chuir Dónall Ó Conaill ina leith gur thit sé ina chodladh le linn trialach dúnmharaithe agus nár bhreac fiú nóta den fhianaise. Ach theip air é a leagan. Níor éirigh sé as a phost go raibh 82 bhliain d'aois aige. Ach agraíodh a pheacaí ar a chlann. Chuaigh an mac ba shine aige as a mheabhair agus dúnmharaíodh an t-aon mhac eile tar éis dó tionónta a chur as seilbh.

Seanchaisleán na nGearaltach

28 Dúnmharú ardeaspaig, 1534. Lucht leanúna Thomás a' tSíoda a rinne an gníomh in Ard Adhain. Bhíothas díreach tar éis athair Thomáis, Gearóid Óg, Iarla Chill Dara, a chur chun báis agus is dócha gur bhraith an

tArdeaspag John Allen gur bhaol dó ó bhí cogadh in aghaidh na Sasanach fógartha ag Tomás. D'éalaigh sé i mbád beag an cuan amach gur shéid stoirm i dtír é in aice Ard Adhain. Ó bhain sé leis an eaglais leasaithe ní raibh meas mairtírigh air ag an gcoitiantacht. Ach go ceann tamaill de bhlianta ní raibh daoine sásta dul in aice na háite inar maraíodh é.

29 Comhrac aonair i nGaillimh, 1842. Anuas go 1844 bhí arm na Breataine i bhfabhar an chomhraic aonair mar bhealach le sásamh a bhaint amach nuair a thugtaí masla d'oifigeach. Bhí dúil ar leith ag Éireannaigh san amaidí sin agus ba bheag ceannaire polaitiúil nár ghlac páirt i gcomhrac. Idir 1840 agus 1843 bhí an Bhanríon Victoria ag tacú le feachtas láidir chun deireadh a chur leis an nós. Ach i nGaillimh mharaigh Eoghan Ó Loingsigh a chéile comhraic Maolsheachlainn Ó Ceallaigh. Dúradh sa chúirt gur dílse a d'fhan Gaillimh don sean-nós onóra seo ná aon áit eile. 'Neamhchiontach' an bhreith a thug an giúiré.

30 Bás Eoghain Uí Chomhraí, 1862. Gilbert agus Sullivan, Rogers agus Hammerstein, Lerner agus Low.... Dá mbeifeá ag iarraidh sloinnte Gaelacha a chúpláil ba iad Seán Ó Donnabháin ó Chill Chainnigh agus Ó Comhraí ón gClár ba thúisce a rithfeadh leat. Bhí Ó Comhraí caol ard, é an-chúthail. Fear ramhar íseal a bhí go maith i mbun caidrimh ba ea Ó Donnabháin. Bhí Eoghan níos daingne ná é ag cosaint a chreidimh. Agus más fearr a d'éirigh le fear Chill Chainnigh dua an tsíorthaistil i mbun ghnó na Suirbhéireachta Ordanáis a sheasamh ní mór cuimhneamh air gurbh óige de 12 bhliain ar a laghad é ná an Cláiríneach. Bhí dúil acu beirt sa stair, sa dinnseanchas, sa teanga Ghaeilge. Ba mhó a bhí spéis ag Eoghan ná ag Seán sa cheol agus sna hamhráin. D'éirigh leo beirt a bheith ina n-ollúna ollscoile. Ach is déine a tháinig an saol in aghaidh Uí Chomhraí ina óige. Ní bhfuair sé aon ghnáthscolaíocht sa mhéid gur ó chuairteoirí a phioc sé suas an Béarla a bhí aige. Bhí teach síbín aige ar feadh tamaill. Chaith sé tamall ina sclábhaí i gcathair Luimnigh. Bhí sé ag obair ar Dhroichead an tSáirséalaigh ann sula bhfuair sé post i dTeach na nGealt ar £15 sa bhliain. D'fhéadfaí a rá gurbh fhaide agus gur dhéine an turas a thug sé agus gurbh éachtaí cúrsa a shaoil dá réir.

31 Acht na gColáistí Ollscoile, 1845. Faoin acht seo a bunaíodh Coláistí na Ríona i nGaillimh, i gCorcaigh agus i mBéal Feirste. Ba iad na chéad ollscoileanna iad arbh é stát na Breataine a d'íoc as a dtógáil.

LÚNASA

1 Acht Chonstáblaí na hÉireann, 1822. Bíonn an stair, ar nós na scéalaíochta, gabhlánach. Bhí constáblaí sa phríomhchathair, 2000 díobh, b'fhéidir, breis is 250 bliain ó shin. Bhain cuid mhaith dá ndualgais le féichiúnaithe a ghabháil, agus bhí droch-cháil orthu. Ansin bunaíodh póilíní na mbarúntachtaí 200 bliain ó shin. 'Barnies' a thugtaí orthu. Ní go rómhaith a bhí ag éirí leo agus in 1814 chuir Sir Robert Peel fórsa nua ar bun. Pílir a tugadh orthu go neamhoifigiúil i ngeall ar a mbunaitheoir. Ní raibh siad seo bunaithe go háitiúil: théidís cibé áit a mbíodh trioblóid. Bhí an oiread sin gátair sa tír san am gur theip orthu sin freisin. Chun cabhrú leo a cuireadh constáblaí na gcontaetha ar bun faoi Acht 1822. B'fhearr a bheadh ar a gcumas-san déileáil le daoine go háitiúil. Bhí an dá fhórsa ann anois agus in 1836 chuir Thomas Drummond atheagar orthu agus rinne aon fhórsa amháin díobh, Constáblacht na hÉireann. Is fearr an t-eolas a bhí ag Drummond ar Éirinn ná ag aon Fho-Rúnaí eile toisc na tréimhse a bhí caite aige sa tSuirbhéireacht Ordanáis agus mhisnigh sé Caitlicigh chun dul isteach san fhórsa nua. Níor cuireadh an *Ríoga* úd leis an ainm go dtí 1867 agus is mar gheall ar a fheabhas a d'éirigh leis na constáblaí déileáil le hÉirí Amach na bhFíníní a bronnadh orthu é. Fórsa

ar leith ba ea Póilíní Chathair Átha Cliath (DMP) agus dá chomhartha sin tugadh isteach go hiomlán é mar chuid den Gharda Síochána i 1925. Is ea, tá an ghabhlánacht ar fud an scéil.

2 Tús le Cluichí Tailteann, 1924. Bhí sé oiriúnach go gcuirfeadh an stát dúchais nua na cluichí seo ar siúl. Bliain sular tháinig na Normannaigh a bhí Aonach Tailteann ar siúl ag Ard-Rí Éireann den uair dheireanach, in aice le Domhnach Pádraig sa Mhí. Agus is mar chuid de sheanfhéile Lúnasa a chuirtí na cluichí ar siúl sa tseanaimsir. Deirtear gurbh iarsma díobh 'Póstaí Tailteann'. Ní mhaireadh na póstaí seo ach bliain agus lá agus bhí searmanas ar leith chun deireadh a chur leo. Ní raibh aon chaint ar athnuachan ar an sean-nós seo i 1924!

3 Crochadh Ruairí Mhic Easmainn, 1916.

4 Bás Sir Thomas Stuckley, 1578. Sular leag sé cos in Éirinn bhí sé seal ina phríosúnach i dTúr Londan i ngeall ar fhiacha troma, seal ag foghlaíocht ar muir, seal ina spiaire. Thionscain sé loingeas uair chun Florida a choilíniú ach ina áit sin thosaigh sé ar chreach a dhéanamh ar bháid na Fraince, na Spáinne agus na Portaingéile. Gabhadh é i gCorcaigh agus tugadh go Londain é. B'fhéidir gur síleadh nár roinn sé an chreach go cóir. Deirtear gur éirigh Seán Ó Néill an Díomais cairdiúil leis i Londain agus go raibh seisean ar dhuine díobh sin a bhí ag iarraidh ar an mBanríon Eilís caitheamh go trócaireach leis. Nuair a scaoileadh saor é is go hÉirinn a tháinig sé. Cé go raibh sé ag cabhrú leis na Sasanaigh anseo níor éirigh leis aon phost ar fónamh a fháil. Thosaigh sé ag plé plean le hAmbasadóir na Spáinne i Londain chun go ndéanfadh an Spáinn ionradh ar Éirinn. Ansin d'éalaigh sé chun na tíre sin. Ard-Diúc na hÉireann a thugtaí air thall. Ar dtús gealladh 5000 fear dó chun dul go hÉirinn. Ach de réir a chéile bhí na Spáinnigh ag éirí amhrasach ar a mheon. D'imigh sé leis chun na Róimhe. Bhí meas ag an bPápa air i ngeall ar a pháirt i gcath Lepanto agus chabhraigh sé leis loingeas a chóiriú. Ach b'éigean dó cuan a ghabháil i Liospóin, bhí na báid chomh dona sin. D'áitigh rí na Portaingéile air cabhrú leis ar dtús in aghaidh Mharacó sula rachadh sé go hÉirinn. Maraíodh an bheirt acu i gcath Alcazar. Cumadh bailéid agus drámaí i dtaobh Stuckley agus d'fhás béaloideas ina thaobh. Chreidtí, mar shampla, gur mhac tabhartha é le hAnraí VIII.

5 Gabhadh William Smith O'Brien, 1848. Ar an 29 Iúil a tharla éirí amach i mBaile an Gharraí agus is ag stáisiún na traenach i nDurlas a gabhadh an Brianach.

6 Bás Dhonnchadh Uí Liatháin, file, 1950. Dream cumhachtach i dtús ré Chonradh na Gaeilge ba ea na hoifigigh chustaim agus máil, go háirithe i Londain, i nGlaschú agus i mBéal Feirste. Ba é Donnchadh a tharraing beirt de na hoifigigh ab aitheanta díobh, an gramadóir Seán Ó Catháin agus an scríbhneoir Seán Ó Ciarghusa, isteach sa ghluaiseacht.

7 Bás Rabindranath Tagore, 1941. Bhuaigh sé duais litríochta Nobel sa bhliain 1913. Ar éigean má d'aithin aon duine a ainm san am mar is sa Bheangáilis a scríobhadh sé. Bhí spéis ag W.B. Yeats sa Domhan Thoir agus ba é ba mhó a tharraing aird ar Tagore nuair a chuir sé réamhrá le cnuasach dá dhánta a aistríodh go Béarla. Ach Sualannach a raibh na dánta sa bhunteanga léite aige a mhol do rialtas na Sualainne duais Nobel a bhronnadh ar Tagore. I bhfad ina dhiaidh sin chuir Yeats i gcóimheas é leis an gCraoibhín Aoibhinn. Bhí 3000 amhrán cumtha ag an Indiach don choitiantacht agus bhí an tuairim bhaoth ag Yeats gur nós le muintir Chonamara a bheith ag crochadh suas amhráin an Chraoibhín agus iad ag obair sna goirt! Deirtear go raibh Yeats ag múineadh Béarla do Tagore ar feadh tamaill. Bhí scoil ag an Indiach a bhí cosúil le Scoil Éanna agus mhol Yeats dó scríobh chuig an bPiarsach. Ba thábhachtaí go mór le Tagore an athbheochan chultúrtha agus shóisialta ná neamhspleáchas polaitiúil. I 1914 bhronn rí na Breataine ridireacht air ach cúig bliana ina dhiaidh sin, i ndiaidh an áir a rinne arm na Breataine in Amritsar, chaith sé uaidh an onóir sin. Cosúlacht eile idir é agus scríbhneoirí thús na hathbheochana anseo gur ar chaint na ndaoine a bhunaigh sé a stíl. Bhí scríbhneoirí a linne faoi smacht go fóill ag an ársaíocht liteartha. Fear iléirimiúil ba ea é: file, ceoltóir, úrscéalaí, oideachasóir, péintéir, fealsamh. Cuireadh leagan Béarla dá dhráma *The Post Office* á léiriú faoi dhó in Amharclann na Mainistreach. Measadh gurbh iad aisteoirí na hÉireann ab fhearr sa domhan thiar chun simplíocht agus uaisleacht na bpearsan a bhí ann a léiriú.

8 Cloch bhoinn Theach an Chustaim, 1781. Taobh amuigh den tseanchathair a tógadh an teach nua agus chuir sin isteach go mór ar úinéirí talún agus sealúchais in iarthar Bhaile Átha Cliath. Is ar Ché Essex a bhí sean-Teach an Chustaim ach ba léir faoi 1773 gur soir agus ó thuaidh a d'fhásfadh an chathair feasta, go n-oirfeadh doimhneacht uisce do bhailitheoirí custaim agus gur i ngar don fharraige ab fhearr agus ba shábháilte a dhéanfaí an bailiú.

9 Imtheorannú, 1971. Meastar gur ar náisiúnaithe amháin a bhí Rialtas Stormont ag díriú, nár éirigh leo mórán den IRA a ghabháil, agus gur imtheorannaigh siad go leor daoine nach raibh aon pháirt acu san fhoréigean. Meastar freisin gur chuir sé go mór le líon na ndaoine a bhí ag

tacú leis an IRA agus gur dhúbail ar líon na bpléascthaí i rith a raibh fágtha den bhliain. Deir an staraí J.J. Lee gur tuathal ollmhór ba ea an t-imtheorannú.

Cloch an Chonartha, Luimneach

10 Tús le geábh an tSáirséalaigh, 1690. Ar 8 Lúnasa bhagair Rí Liam ar Luimneach géilleadh. Shíl Diúc Thír Chonaill agus an Cunta de Lauzan gur cheart dóibh. Maíodh gurbh fhéidir na ballaí a leagan le húlla rósta. Ach d'inis tréigtheoir ó arm Liam dóibh go raibh na gunnaí móra gan teacht go fóill. Bhí seans gurbh fhéidir teacht rompu ar an mbóthar. Socraíodh go dtabharfadh Pádraig Sáirséal 600 fear leis. Bhí an Ropaire Ó hÓgáin mar threoraí acu. Thrasnaigh siad an tSionainn ag Baile an Bhealaigh, míle lastuaidh de Chill Dálua. Ba ghairid go raibh siad ar shleasa Thonn Toinne agus ghabh siad cóngair agus chosáin amach trí shléibhte Bhéal Átha Gabhann agus trí Shliabh Comáilte agus ar feadh an bhóthair sléibhe idir Crois na Rae agus Faill Uí Chléirigh. Chuir an Sairséalach scabhtaí amach roimhe agus i gCuilleann chonaic siad bean ag ní a cuid cos sa sruthán. Duine de lucht leanúna shaighdiúirí Liam í. Deirtear gur thug siad isteach i dteach tábhairne í agus le teann buíochais gur inis sí an focal faire dóibh. 'An Sáirséalach', cad eile? D'éirigh leo éalú isteach i measc shaighdiúirí Liam i mBaile an Fhaoitigh. Mharaigh siad trí scór díobh, líon na gunnaí móra agus na moirtéir le púdar agus chuir siad a mbéal síos sa talamh. Dúirt seanstaraí: 'D'airigh na gardaí ar bhallaí Luimnigh an bhladhm úd. Baineadh macalla as gach cnoc ó thuaidh go Creatlach agus dúisíodh daoine ar chnoic an Chláir.'

11 Bord Soláthair an Leictreachais, 1927. Bhí soláthar in Éirinn le 50 bliain roimhe sin. Ach ní raibh leas á bhaint as sa talmhaíocht ná sa tionsclaíocht. Bhí fear amháin a raibh ardspéis aige sa ghnó seo, Tomás Mac Lochlainn. Bhí na cáilíochtaí cuí léinn aige ach cad ab fhiú iad gan taithí? Um Nollaig 1922 fuair sé post le comhlacht Siemens sa Ghearmáin. Thug siad gach deis dó. Rinne sé staidéar ar leith ar chóras sa Phomaráin, réigiún atá i bhfad níos lú ná Éire. Ar mhóin mar fhoinse cumhachta a bhí sé ag smaoineamh i dtosach ach ar deireadh chinn sé ar uisce na Sionainne. Ba é an fhadhb ba mhó go dtáirgfeadh scéim seo na Sionainne trí oiread an méid leictreachais is a bhí riachtanach. Cad a dhéanfaí leis an bhfarasbarr? Ba é freagra Mhic Lochlainn air sin go raibh an méid a bhí á úsáid in Éirinn i bhfad róbheag i gcomórtas le tíortha eile. Thiocfadh fás nádúrtha faoin éileamh. I Márta 1924 d'fhoilsigh an rialtas Páipéar Bán i dtaobh thairiscint Siemens. Mí ina dhiaidh sin ceapadh Pádraig Mac Giollagáin ina Aire Tionscail agus Tráchtála. Bhí aithne aige ar Mhac Lochlainn agus bhí sé ar son na scéime. Ach bhí an Roinn Airgeadais ina haghaidh. Bhí go leor daoine arbh fhearr leo an Life. Bhíothas buartha i dtaobh a gcosnódh an scéim. Níor thaitin le daoine eile gurbh é an stát a bheadh ina bun. Bhí dream eile fós nár theastaigh uathu gur do chomhlacht Gearmánach a thabharfaí an obair. Foilsíodh paimfléad a mhaígh go loitfeadh tuilte an talamh go léir. Ach ní raibh ina aghaidh ach aon vóta amháin sa Dáil agus sa Seanad. Chun an soláthar nua a riar is ea a bunaíodh an BSL.

12 Bás Airt Uí Ghríofa, 1922. Satharn a bhí ann. Bhí sé in ospidéal príobháideach i Sráid Líosáin de dheasca céislíntis, ach théadh sé chun na hoifige gach lá. Ar an Aoine casadh air sagart a bhí ag iarraidh cead taistil go dtí na misin thar lear. Fuair an Gríofach cead dó láithreach. Níor aithin an sagart cérbh é féin. Tuairim 9.45 a.m. ar an Satharn thit sé i bhfanntais agus é ar a bhealach chun na hoifige. Glaodh ar shagart chun an ola dhéanach a chur air. Cé a bheadh ann ach an sagart a ndearna sé gar dó ar an Aoine. Agus fós féin níor aithin an sagart sin cé a bhí aige.

13 Bá Eibhlín Nic Niocaill, 1909. Sa chaibidil 'Bráca an tsaoil' in *An tOileánach* atá cur síos lom ag Tomás Ó Criomhthain ar an gcaoi ar bádh a mhac Domhnall nuair a rinne sé iarracht ar Eibhlín a shábháil. 'Óigbhean uasal ó Phríomhchathair Éireann' a thugann Tomás ar Eibhlín agus sin é teideal an leabhair a scríobh Micheál Ó Dubhshláine (Conradh na Gaeilge, 1992) i dtaobh na tragóide. Ní hí an chuid den eachtra is lú a gcuirtear spéis ann na daoine aitheanta go léir a bhí sa láthair ar an mBlascaod an lá mí-ámharach sin: Tomás, James agus Gretta Cousins, Tom Jones, an liathróidí láimhe ba cháiliúla riamh, Seán a' Chóta, etc....

14 Bás Sheáin Ruiséil i bhfomhuireán, 1940. Tá dealbh de le feiceáil i bpáirc phoiblí Fhionnradhairc i mBaile Átha Cliath. Tar éis páirt a ghlacadh in Éirí Amach 1916 bhí sé i bpríosún i Knutsford agus i bhFrongoch. Fear ríthábhachtach i gCogadh na Saoirse ba ea é, é ina stiúrthóir ar chúrsaí lóin cogaidh. Air a thit an cúram ruathair a dhéanamh ar chairéil ar lorg geilignite. Bhí sé in aghaidh glacadh leis an gConradh Angla-Éireannach agus ní bheadh aon bhaint aige le Fianna Fáil nuair a bunaíodh an páirtí sin. I ngluaiseacht na Poblachta bhí sé in aghaidh na heite clé úd a raibh Peadar Ó Dónaill agus Proinsias Ó Riain inti. Ba é ba mhíleata de cheannairí na gluaiseachta. Díbríodh é as Arm na Poblachta, ach an bhliain dár gcionn bhí sé ina cheann foirne acu. Eisean faoi deara an bhuamáil a rinne siad sa Bhreatain. Bhí sé i Meiriceá nuair a bhris an cogadh amach i 1939 agus níor fhéad sé filleadh abhaile. Ach rinne sé a bhealach go dtí an Ghearmáin. Is ann a casadh Proinsias air arís. Cibé aighneas polaitiúil a bhí eatarthu roimhe seo d'éirigh siad mór le chéile i bhfad ó bhaile. Shocraigh na Gearmánaigh go bhfillfeadh an bheirt acu abhaile i bhfomhuireán. Ach sula dtáinig siad ar radharc na hÉireann d'éirigh an Ruiséalach tinn le hothras pollta. Is i mbaclainn a shean-namhad pholatiúil, Proinsias Ó Riain, a fuair sé bás céad míle slí amach ó Chuan na Gaillimhe.

Teamhair

15 Ollchruinniú ar Chnoc na Teamhrach, 1843. Gheall Dónall Ó Conaill an 2 Eanáir go mbainfeadh sé Reipéil amach taobh istigh de bhliain. Thosaigh sé ag taisteal na hÉireann chomh luath is a chuaigh an lá chun síneadh. Bhí 32 chruinniú aige. Go hiondúil is ar an Domhnach a bhídís. Bhí lánsmacht ag Ó Conaill ar na sluaite. Mhaíodh sé gur lánstaonairí na maoir go léir. Meastar go raibh suas le leathmhilliún ag gach cruinniú díobh. B'eiseamláirí na tionóil seo ar conas pobal mór a eagrú agus conas deis a thabhairt dóibh a dtoil a chur in iúl. Bhain tábhacht ó thaobh an

daonlathais leo i gcomhthéacs na hEorpa féin. Luaitear suas le 1,200,000 a
bheith ag cruinniú na Teamhrach. Ba lá saoire eaglasta é gan amhras. Ba
ghnách leis na céadta sagart a bheith ag na cruinnithe chun aifreann a rá
dá bpobal féin. Ach conas a bhí daoine san ollslua seo in ann glór binn Uí
Chonaill a chloisteáil? Is dóigh go raibh na teachtaireachtaí á síoriompar i
ngach treo go dtí na himill. Bhain tábhacht ó thaobh an tsiombalachais le
Cnoc na Teamhrach. Ba dheacair don rialtas cur in aghaidh na gcruinnithe
seo, bhí siad chomh síochánta sin. Ach ba thábhachtaí fós mar shiombail
Cluain Tarbh, b'fhéidir. Agus bhí sé róghar don phríomhchathair. Sin é an
leithscéal a bhí ón rialtas chun cosc a chur ar an slógadh a chuirfeadh an
dlaoi mhullaigh ar na cruinnithe go léir.

Coláiste na Tríonóide, Baile Átha Cliath

16 William Bedell ina Phropast i gColáiste na Tríonóide, 1627. Is sa
choláiste a thosaigh sé ag foghlaim na Gaeilge – '*the toung of this Country
which I see (although it be accounted otherwise) is a learned and exact language
and full of difficulty*'.

17 Acht um Stiléireacht Aindleathach, 1857. Faoin acht seo is faoi na
pílir feasta a bheadh sé stop a chur le déanamh an phoitín. Dáta
tábhachtach in annála nualitríocht na Gaeilge!

18 Bás Frederick Crouch, 1896. Ba í Julia Crawford a chum focail an
amhráin 'Kathleen Mavourneen.' Ach ba é Frederick a chuir i mbéal an
phobail é nuair a chuir sé ceol leis. Sasanach ba ea é ach bhí sé páirteach
i gCogadh Cathartha Mheiriceá mar thrumpadóir. Ní dóigh gur sheas sé
riamh in Éirinn. Thugtaí *Kathleen mavourneen* ar an gcóras cíoscheannaigh
'H.P' de bharr na línte *It may be for years and it may be for ever / Then why
art thou silent, Kathleen Mavourneen?*

19 Cruinniú na gCaitliceach sa Rotunda, 1851. Bhailigh siad ann ó gach cearn den Bhreatain agus d'Éirinn chun cur in aghaidh dlí nua a bhac ar easpaig úsáid a bhaint as teidil a bhronnfadh an Pápa orthu.

20 An chéad teachtaireacht ar an gcábla idir Talamh an Éisc agus Oileán Dhairbhre, 1858. Bhain fabht dodheisithe don chábla ar 3 Meán Fómhair agus níor cuireadh tús leis an gcóras arís go 1866.

21 An t-aonach deireanach i nDomhnach Broc, 1854. Ní foláir nó bíonn fonn gáire ar Shasanaigh nuair a chloiseann siad gur i *Donnybrook* atá an córas náisiúnta craolacháin lonnaithe. *Scene of uproar, free fight* an bhrí a chuirtí leis fadó i bhfoclóir Oxford. Rí Shasana a thug cead aonaigh do shaoránaigh Bhaile Átha Cliath ocht gcéad bliain ó shin. Ach bhí Domhnach Broc tamall maith amach ón tseanchathair, chomh fada sin amach go raibh Gaeil róghar don áit. I dtéarmaí an lae inniu, rinne an bardas príobháidiú ar an aonach seo, a mhaireadh ocht lá. Ag muintir Mhaidín, ar dhuine díobh staraí '98, a bhí na cearta ó dheireadh an 18ú haois amach. B'fhiú £400 sa bhliain na cearta sin. Gach ainmhí a dhíoltaí níor mhór réal nó toistiún a thabhairt d'úinéirí an aonaigh. Toisc gur i ndeireadh Lúnasa a bhíodh sé is ea a d'iompaigh sé amach ina fhleá: ólachán, rince, gach sórt taispeántais.... Agus bhíodh an gleo go fíordhona agus gan amhras na bolaithe. I ndeireadh an lae bhíodh na fir ag bruíon le chéile, agus na mná freisin, b'fhéidir. Bhí idir chléir agus thuataí buartha faoin tromólachán. Cheannaigh coiste díobh cearta an aonaigh ó mhuintir Mhaidín ar £3000. Ach bean a raibh teach tábhairne agus páirc aici a bhí teorantach le láthair an tseanaonaigh, choimeád sí an ócáid ar siúl ar feadh tamaill. Ach tháinig lucht Chaisleán Bhaile Átha Cliath aniar aduaidh uirthi gur bhain a ceadúnas di. Mar leorghníomh sna peacaí meisce go léir thóg muintir na háite eaglais Chaitliceach nua sa sráidbhaile, an ceann atá ann go dtí an lá inniu.

22 Cill Ala, 1798. Bhí an lá go breá agus níorbh aon chúis imní na trí long sa chuan. Nach raibh dathanna na Breataine ar foluain acu? Is nuair a chuaigh mionuaisle na háite chun fáiltiú rompu a fuair siad amach gur 1100 de thrúpaí Francacha faoi cheannas an Ghinearáil Humbert a bhí iontu. Bhí éadaí na Fraince orthu agus armlón á iompar acu don mhíle Éireannach a shíl siad a cheanglódh leo. Ceathrar Éireannach a bhí ar bord: Súilleabhánach nach bhfuil aon eolas ina thaobh; Bartholomew Teeling a bheadh ina aide-de-camp ag Humbert; Maitiú, deartháir do Wolfe Tone; agus an t-athair Anraí Ó Catháin a bheadh ag feidhmiú mar fhear teanga. Ba as Cill Ala féin don Chathánach seo agus ba í an Ghaeilge aon teanga fhormhór na ndaoine sa dúiche. Ar thrá Chill Chuimín labhair sé le

muintir na háite. Ansin chuir Humbert scéala amach ar fud Shligigh agus Mhaigh Eo. D'fhreagair an Coirnéal Maitiú Beliú an ghairm. Ba dheartháir é d'easpag Caitliceach Chill Ala agus bhí taithí saighdiúireachta aige i seirbhís na hOstaire. Cuireadh eisean i gceannas na n-earcach Éireannach ach ba ghairid go bhfuarthas amach go raibh sé drochshláinteach. Roghnaíodh ceannairí i gceannas ar na buíonta a tháinig ó pharóistí éagsúla agus tugadh coimisiúin dóibh. An chéad rud eile a rinneadh Cill Ala féin a ghabháil tar éis beagán dua agus lámhaigh. An tráthnóna sin cuireadh bratach uaine agus óir ar foluain os cionn phálás easpag Phrotastúnach Chill Ala. Scríofa uirthi bhí *Éire go bráth* agus d'fhiafraigh an t-easpag cad ba bhrí leis! Ach ba mhaith an tús é le fiontar a n-éireodh leis go deireadh Lúnasa agus a gcuirfí críoch thragóideach leis i mBéal Átha na Muice an 8 Meán Fómhair.

23 Turas an Chairdinéil Wiseman in Éirinn, 1858. Cé nár athbhunaíodh cliarlathas Caitliceach Shasana go 1850 ba thúisce a bhí cairdinéal acu thall, Nicholas Patrick Stephen Wiseman. Éireannaigh a raibh cónaí orthu i Sevilla a bhí ina thuismitheoirí, agus ní raibh aon Bhéarla aige gur cuireadh chun cónaithe i bPort Láirge é. Nia leis ba ea an Henry Burke a dhúnmharaigh na Invincibles. Tá leid dá thuairim fúinn le fáil i dteideal na hirise a bhunaigh sé i Sasana *The Dublin Review*. Freagra ba ea í ar an *Edinburgh Review* – ba é Dún Éideann lár intleachtúil an Phrotastúnachais!

24 Bás Anew McMaster, 1962. Meastar go mbeadh cáil dhomhanda ar aisteoir seo Mhuineacháin murach gurbh fhearr leis ná Londain agus ná Hollywood Shakespeare a thabhairt go dtí áiteanna beaga aistreánacha in Éirinn, sa Domhan Thoir agus san Astráil.

25 *The Shewing-up of Blanco Posnet* in Amharclann na Mainistreach, 1909. *Desperado* san Iarthar Fiáin is ea Blanco agus ag pointe áirithe croitheann sé a dhorn ar na flaithis agus tugann a ndúshlán. Shíl an Lord Chamberlain sa Bhreatain go raibh sin diamhaslach agus ní cheadódh sé an dráma a thaispeáint i Londain. Bhí ligthe i ndearmad aige gur thug an diabhal féin an dúshlán céanna i bhfilíocht John Milton. Ansin thairg G.B. Shaw a dhráma d'Amharclann na Mainistreach. Bhí siad tar éis diúltú do *John Bull's Other Island* toisc nach raibh aon aisteoir acu a bheadh in ann páirt an tSasanaigh a thógáil. Cibé fáth ar ghlac siad leis an dráma nua seo, is é a shíl lucht Chaisleán Bhaile Átha Cliath gur ag tabhairt a ndúshláin-sean a bhíothas. Dar leo go raibh Amharclann na Mainistreach ag rá nach raibh feidhm le dlí Shasana anseo. Bhagair siad ar an mBantiarna Gregory go bhféadfaidís an ceadúnas a bhaint d'Amharclann na Mainistreach. Níor ghéill stiúrthóirí na hamharclainne. Ach bhí siad imníoch: ní raibh sé ach

tamall gairid roimhe seo ó bhí ruaille buaille i dtaobh an fhocail *shift* sa
Playboy. Tháinig na sluaite le *Blanco Posnet* a fheiceáil. Bhíothas ag tairiscint
gine nó dhó ar chead seasaimh. Ón am ar ardaíodh an cuirtín d'fhan an
pobal ciúin agus bhí cluas ar gach duine chun go gcloisfeadh sé an
diamhasla. Ach is cosúil gur shíl a raibh sa láthair nach bhféadfadh dochar
ar bith a bheith sa diamhasla a thabharfadh drochdhuine mar Blanco Posnet
agus é san Iarthar Fiáin. Tuairimíodh gurbh é a ghlanmhalairt a shílfidís dá
mba i mbéal talmhaí bhoicht in iarthar fiáin na hÉireann a chuirfí an
diamhasla. Nuair a íslíodh an cuirtín rinneadh bosa a bhualadh go láidir
ach ní ag moladh an dráma a bhíothas ach ag tréaslú a ndánachta leis an
dream a sheas an fód in aghaidh lucht an Chaisleáin.

26 Bás Frank Harris, 1931. Sa Ghearmáin a foilsíodh a dhírbheathaisnéis.
Ní fhoilseofaí sa Bhreatain í, bhí sí chomh scannalach sin. Bithiúnach agus
dúmhálaí ba ea an Gaillmheach seo, ach togha eagarthóra. Meastar gur
Breatnaigh ba ea a thuismitheoirí agus gurbh í obair na Ribíneach a thug
an t-athair go Gaillimh.

27 Buaicphointe Joyce mar amhránaí, 1904. Bhí guth maith aige. Ach
go dtí Márta 1904 níor rith sé leis go bhféadfadh sé a bheith ina amhránaí
gairmiúil ach cur chuige. Ba é John MacCormack a d'áitigh air cur isteach
ar an bhFeis Cheoil. Chun táille na Feise a íoc chuir sé a chuid téacsleabhar
i ngeall i siopa páín. Fuair sé iasachtaí ó mhic léinn chun íoc as ceachtanna.
D'fhaigheadh sé ó cheoltóir darb ainm Palmieri iad ar seacht scillinge an

Páirc an Fhionnuisce, Baile Átha Cliath

ceann. D'íoc sé airgead síos ar phianó agus d'fhéach chuige nach mbeadh sé sa bhaile nuair a thiocfadh sé le heagla go mbeadh air síneadh láimhe a thabhairt d'fhear na trucaile. Trí dhuine fichead a bhí ag iomaíocht sa chomórtas feise i mí na Bealtaine. Chomh maith le cúpla amhrán a rá bhí ar gach iomaitheoir píosa ceoil a amharc-chanadh. Theip ar Joyce aon tuiscint a bhaint as an bpíosa a tugadh dó agus d'fhág sé an t-ardán i ndiaidh dó na hamhráin a rá. B'ionann sin agus é féin a dhícháiliú. Denza ab ainm don mholtóir. Ba é a chum an tiúin 'Funiculi Funicula'. Deirtear gur do Joyce a thabharfadh sé an bonn óir murach é a bheith dícháilithe. Toradh amháin a bhí ar a iarracht gur thairg Palmieri ceachtanna ar feadh trí bliana saor in aisce dó. Theip ar a dhíograis agus níor bhac sé leo. Ach bhí ardphointe eile roimhe. Oíche dheiridh Sheó na gCapall bhí ceolchoirm mhór ar siúl agus tugadh cuireadh dó a bheith ar an ardán in éineacht le Mac Cormack.

28 Rugadh Joseph Sheridan Le Fanu, 1814. Sa scoil mhíleata i bPáirc an Fhionnuisce a rugadh é. Bhí a athair ina shéiplíneach ann. D'aistrigh an teaghlach go hAbington i gCo. Luimnigh tuairim an ama a bhí Cogadh na nDeachúna ar siúl. Chuaigh sin i gcion air. Cé nár bhiogóid é i gcomhthéacs na haimsire sin ní raibh sé riamh ar son an dlí a leasú chun go dtabharfaí a gcearta do Chaitlicigh. Agus Aontachtaí a bhí ann ar feadh a shaoil. Ach bhí sé báúil riamh le náisiúnachas ghnáthmhuintir na tuaithe. Tá sin le mothú ar phéire bailéad a chum sé: 'Pádraig Crohoore' agus 'Shamus O'Brien'. Tá meon '98 go tréan iontu. Scríobh sé an dara ceann sin in 1840 agus bhí an-dúil ag an ngnáth-Éireannach ann. *And he took a good pike, for Pádraig was great, / And he fought and he died in the year Ninety Eight; / And the day that Crohoore in the green fields was killed / A strong boy was stretched, and a strong heart was stilled.* Tá sé bunaithe ar eachtra a bhain do dhuine de na hÉireannaigh Aontaithe i Luimneach, duine darb ainm Kirby. Bhí aithne ag Le Fanu air. D'fhéadfaí a rá gur thírghráthóir agus Aontachtaí in éineacht ba ea an t-údar, cineál nach raibh éagoiteann i measc na nAngla-Éireannach. Chreid Le Fanu gur cheart d'Éireannaigh litríocht fhíor-Éireannach a scríobh agus an tÉireannachas stáitse a sheachaint. Scríobh sé 16 úrscéal agus fanann meas ar na cinn a bhaineann le taibhsí agus spioradachas. Fear cuideachtúil ba ea é ach tháinig athrú air i ndiaidh dá bhean bás a fháil. Deirtear gurbh é a bás freisin a dhírigh a aigne ar scéalta faoin osnádúrthacht a chumadh. Fear nuachtán a bhí ann agus ba leis an *Evening Mail*, páipéar a mhair anuas go 1962.

29 Oscailt na Leabharlainne Náisiúnta, 1890. Sé bliana a bhíothas á tógáil. Ba é Sir Thomas Manly Deane, garmhac leis an gceoltóir Edward Bunting, an t-ailtire. Bronnadh ridireacht air ag ócáid na hoscailte.

30 Bás George Lucien Bull, 1972. Eolaí mór ba ea é ach bhain an chuid ba thábhachtaí dá thionscnaimh leis an scannánaíocht agus leis an gcineamatagrafaíocht i gcoitinne. Ag 16 Sráid Gloucester Uachtarach, Baile Átha Cliath, a rugadh é, 8 Eanáir 1876.

31 Óráid Shéamais Mhóir Uí Lorcáin ó bhalcóin an Ostáin Impiriúil, 1913. Ba lena namhaid William Martin Murphy an t-óstán seo. Gabhadh an Lorcánach. Lean léirsithe de sin agus gortaíodh na céadta.

MEÁN FÓMHAIR

1 Rugadh John Redmond, 1856. Bhíothas ag moladh mairtíreach agus reibiliúnaithe chomh hard sin ó 1821 ar aghaidh go sílfeá nach raibh aon mheas riamh ar ghnáthpholaiteoirí ar nós an Réamonnaigh. Sna hochtóidí bhí sé ag teacht deacair ar thionóntaí Loch Garman riaráistí cíosa a íoc. Chuaigh an Réamonnach síos go Scairbh Sholais ina thoghlach féin chun labhairt in aghaidh dhíshealbhú tionónta darb ainm Clinch. Tugadh chun na cúirte é agus cuireadh ina leith gur ag bagairt ar an tiarna talún a bhí sé. Toisc drochmheas a bheith ar an dlí faoina rabhthas á chúiseamh ba scorn leis aon fhinnéithe a thabhairt os comhair na cúirte ná fiú aon abhcóide a fhostú. Ach thug sé óráid fhada uaidh, ceann ab fhéidir a dhéanamh ar son aon tionónta in Éirinn, á chosaint féin. Luigh sé go trom ar an bpointe go raibh an tiarna talún ag brú leathchéad punt ar an tionónta chun go n-imeodh sé féin agus a chlann go Meiriceá. Thug sé dúshlán na cúirte ar an gcuma seo: *Condemnation by such a tribunal will have no moral weight or authority behind it and it will be to me not a reproach but an honour.* Cuireadh sa phríosún i Loch Garman é agus nuair a dhiúltaigh sé siúl leis na príosúnaigh eile sa chlós cuireadh ar réim uisce agus aráin é. Aistríodh go Tulach Mhór ansin é. Ní raibh sa téarma géibhinn sin ach cúig seachtaine ach shíl a bheathaisnéisí, Denis Gwynn, gur fhág sé rian ar a shláinte.

2 An chéad eagrán de *Anois*, 1984. Bhí an seoladh comhthitimeach le craobhchluiche iomána Chomóradh an Chéid i nDurlas. Ocht leathanach is daichead a bhí san eagrán seo agus díoladh na mílte cóip roimh an gcluiche. Ina cholún spóirt dúirt Micheál Ó Muircheartaigh: 'Cé gur mór mo mhuinín i dtraidisiún táim sásta dul ina choinne an uair seo agus a rá go ngabhfaidh Uíbh Fhailí Corn Mhic Cárthaigh inniu'. Ní bhíonn saoi gan locht. Corcaigh a bhuaigh.

3 Bás Iarla Chill Dara in Áth Í, 1513. Ba é seo Gearóid Mór '... an duine ab fhearr oineach agus ba mhó neart agus clú agus oirirceas agus is mó a rinne de ghabháltas ar Ghaeil agus de bhris do chaisleáin Ghael, agus ab fhearr smacht, reacht agus ríriail, agus is mó a thug dá airnéis d'fhearaibh Gael dá dtáinig de Ghaill in Éirinn riamh, d'fháil bháis ola agus ungtha agus aithrí i gCill Dara agus a adhlacadh i dTeampall Chríost i mBaile Átha Cliath maille le tuirse urmhór Ghaeil agus Ghaill Éireann' (*Annála Chonnacht*). Bhí leabharlann bhreá aige agus leabhair Ghaeilge inti.

4 Abraham Colles ina ollamh le hanatamaíocht, 1806. Ba é an máinlia ba nótáilte in Éirinn lena linn é. An tábhacht a bhaineann leis gur ríshampla é den dochtúir leighis a chleachtann a cheird ach ar fear taighde agus múinteoir freisin é. Ní chuireadh sé nóiméad den lá amú agus cuireadh an cheist air uair ar thóg sé tamall saoire riamh. 'Sea, thóg agus murach gur thógas dóbair mé a mharú.' Ba é a 30ú lá breithe an ócáid sin agus chuaigh sé ar muin capaill go dtí an Charraig Dhubh chun beannú dá mháthair. D'fhan siad píosa fada ag comhrá agus ar a bhealach abhaile trí Shráid Thomáis chuala sé an t-urchar deireanach á scaoileadh. Ba é an 23 Iúil 1803 é, an lá a d'éirigh Emmet agus a lucht leanúna amach. Toisc éadach gíománaigh air is ea a shíl Colles go raibh sé i gcontúirt a anama. Cois na Feoire i gCill Chainnigh, mar a raibh gnó marmair dhuibh ag a athair, a rugadh é. Máinlia ba ea a shin-seanathair agus d'fheiceadh Abraham óg a phortráid gach lá. Bheartaigh sé go luath ina shaol gurbh í an mháinliacht a rogha slí bheatha. An sampla is fearr dá dhíograis mar thaighdeoir agus mar scoláire leighis an ardspéis eolaíoch a chuir sé sa bhreoiteacht ba thrúig bháis dó féin in 1843. Bhí sé ar an dream beag Éireannach a raibh sé le maíomh acu gur dhiúltaigh siad glacadh le ridireacht. Ba leor leis mar onóir gur ainmníodh tinnis áirithe agus prionsabail leighis as.

5 Bunú Choláiste na Carraige Duibhe, 1860. Ghlaoití an Coláiste Francach air ar feadh i bhfad toisc gurbh é Cuallacht an Spioraid Naomh ón bhFrainc a bhunaigh é. I measc an iomad daltaí a bhain cáil amach sa saol bhí an Cairdinéal Seán Daltún, Éamon de Valera, Pádraig Ó Conaire, Tomás Ó Raithile, Frank Duff.... Bhí ainm an rugbaí riamh ar an gcoláiste

ach chaith Micheál Cíosóg bliain go leith ann ina mhúinteoir tráchtála tuairim 1874-75 agus bhí a chomhrúnaí i gCumann Lúthchleas Gael, John Wyse Power, ina mhac léinn ann.

6 Corcaigh vs Cill Chainnigh, 1931. Ba é seo an chéad chluiche. Imríodh dhá chluiche chothroma (1-6 agus 1-6; 2-5 agus 2-5) ach Corcaigh a bhuaigh 'báire na fola' le 5-8 in aghaidh 3-4. Eudy Coughlan a bhí ina chaptaen ar fhoireann Chorcaí. Thug Gael-Linn plaic dó i 1961 agus scríofa air tá *Rogha iománaí na hÉireann, Eugene Coughlan, a roghnaíodh mar an leath-thosach ab fhearr riamh.* An scóraí ba bhisiúla ag Cill Chainnigh, Lory Meagher, níor fhéad sé imirt sa tríú cluiche. Dá bhféadfadh cá bhfios...?

7 An cruinniú as ar fhás Léigiún Mhuire, 1921. I dTeach Myra, Sráid Phroinsiais, Baile Átha Cliath, a tionóladh é. Ba é Frank Duff, státseirbhíseach, an bunaitheoir ab aitheanta. Deirtear go raibh sé uair sa dara háit i gcraobhchomórtas rásaíochta na hÉireann don mhíle. D'fhás an Léigiún ar fud na cruinne go raibh milliún ball inti.

8 Bás Phádraig Mhic Oitir, fathach, 1806. Ní móide gur foilsíodh riamh an oiread céanna eolais i dtaobh cnámha aon duine eile. Chomh deireanach le 1973 tógadh 300 toise díobh. Inniu féin bíonn rudaí a bhain leis an bhfathach seo ar taispeáint i músaeim anseo agus sa Bhreatain: forc, scian, cathaoir, bróga.... I gCionn tSáile a rugadh é thart ar an mbliain 1761 agus tuairim 1779 a thosaigh sé á thaispeáint féin ag aontaí ar fud na Breataine. Bhí sé in ann riar a cháis d'airgead a thuilleamh ar an gcuma sin – £10 sa lá, deirtear. Rud a ceileadh ar an bpobal go raibh sé lag drochshláinteach agus gur dheacair dó a cheird féin, an bhríceadóireacht, a chleachtadh. Ó Briain a thugadh sé air féin d'fhonn gaol a mhaíomh leis an bhfathach eile úd Brian Bóramha! Sna fógraí deirtí go raibh sé ocht dtroithe agus trí horlaí go leith ar airde ach go sroichfeadh sé na naoi dtroithe, airde a sheacht sinsear, nuair a thiocfadh sé in aois fir. Fiú nuair a bhí sé 35 bhí an áiféis sin ar siúl. Meastar nach raibh aon duine riamh a shroich naoi dtroithe. Bhí eagla a anama air riamh go ngoidfí a chorp agus d'ordaigh sé ina uacht go gcuirfí é in uaigh a bheadh 12 throigh ar doimhneacht. Ceathrar fear déag a bhí ag iompar a chónra agus ba dhealraithí le bád rámhaíochta í. Ach aird níor tugadh ar a mhian. Fiú sa chéad seo tugadh a chnámha bochta aníos. Tá a fhios cad iad na máchailí a bhí ar gach aon bhall de. Agus tá a fhios nár fhás sé riamh os cionn ocht dtroithe agus orlach.

9 Eirleach Bhaile Mhistéala, 1887. Cuireadh toghairmeacha ar Liam Ó Briain (1852-1928) agus ar Sheán Maighdiúla chun na cúirte ann ach níor thug siad aird orthu. Bhrúigh 15,000 isteach sa bhaile. Bhí pílir ag iarraidh

a mbealach a dhéanamh tríothu go dtí ardán an chruinnithe. Bhí na daoine róbhrúite ar a chéile. D'éirigh bruíon agus theith na pílir isteach sa bheairic. Síneadh triúr marbh nuair a thosaigh pílear ag scaoileadh leis an slua. Gabhadh an bheirt. Fuair an Maighdiúlach bás i ndiaidh sé mhí a chaitheamh i bpríosún Thulach Mhór. Áirítear é ar dhuine de cheathrar mairtíreach Bhaile Mhistéala.

10 Boinn na hÉireann, 1928. Faoin Acht Monaíochta ceapadh coiste a raibh W.B. Yeats ina chathaoirleach air agus ceathrar air a raibh cur amach acu ar mhoneolaíocht agus ar ealaín. Dúradh leo go gcaithfí leas a bhaint as an gcláirseach mar shiombail, gan aon laoch nuastaire a bheith ar na boinn, agus gur i nGaeilge a bheadh na hinscríbhinní. Níor bhac an pobal le haon mholtaí a chur chucu ach thosaigh ag clamhsán nuair a eisíodh na boinn. An seanscéal! Shocraigh an coiste gan bacadh leis an tseamróg ná le haon siombail a shíl siad a bheith smolchaite. B'fhearr leo sampla na sean-Ghréige a leanúint agus ainmhithe a bheith ar na boinn. Le hainmhithe b'fhéidir béaloideas, caithimh aimsire agus déantús na hÉireann a léiriú go hoiriúnach. Creabhar, cráin, cearc, giorria, cú, bradán agus capall a d'úsáidfí. Bhí cead reithe in áit na cránach. Shíl Yeats nár chréatúir ealaíonta fileata iad an chráin agus an chearc. Thug siad cuirí chun cur isteach ar an gcomórtas do na hÉireannaigh Jerome Connor, Albert Power, agus Oliver Sheppard, don Mheiriceánach Paul Manship, don Iodálach Publio Morbiducci, don Sualannach Carl Milles, don Sasanach Percy Metcalf agus don té ba cháiliúla ar fad, Ivan Mestrovic, Seirbeach. Chuaigh cuireadh Mestrovic ar strae sa phost, más fíor, agus tháinig a iarratas-san ródheireanach. Ach bhronn sé a iarrachtaí ar an stát chun ár rogha rud a dhéanamh leo. I ndeireadh an lae ba é saothar Percy Metcalf rogha an choiste. Cibé locht a fuair Éireannaigh ar na boinn is é a shíl an domhan mór gurbh iad áille na háille iad.

11 Rugadh Uilliam Mac Néill, 1774. Seo é an ministir Preispitéireach a scríobh *An Introduction to the Irish Language*, 1808. Tugadh léacht i dtaobh Mhic Néill nuair a bhí macasamhail den leabhar á sheoladh i nDún Dealgan an 8 Samhain 1990. Cuireadh cóip den léacht chuig bean atá síolraithe go díreach ó Mhac Néill. Bhí an bhean seo fostaithe ag Bord Fáilte i Milano na hIodáile agus is ar an gcuma sin a fuair an beathaisnéisí Séamas Ó Saothraí (*An Ministir Gaelach Uilliam Mac Néill 1774-1821*, 1992) géaga ginealais Mhic Néill. Is léir uaidh sin gur shíolraigh a mháthair go díreach ó John Knox (1505-72), príomhbhunaitheoir Eaglais na hAlban.

12 Osclaíodh Leabharlann Phoiblí Chathair Chorcaí, 1905. Ba chuimhin le Seán Ó Ciosáin (*Cois Laoi na Sreabh*, 1970) an seomra léitheoireachta:

'Chuireadh sé fonn gáire orm i gcónaí nuair a d'fheicfinn iompróir guail scafánta ina shuí agus an *Fortnightly Review* os a chomhair amach agus é ina thromchodladh.' Bhíodh gach cathaoir sa seomra tógtha ag lucht dífhostaíochta a bhíodh ann chun iad féin a théamh nó chun fothain a fháil ón bhfearthainn. Ar 11/12 Nollaig 1920 cuireadh deireadh tobann leis an tearmann sin nuair a chuir fórsaí an Rí tine leis an gcathair. 'Ar na foirgnimh a loisc siad bhí Halla na Cathrach agus Leabharlann Carnegie a bhí taobh leis – agus maidir liom féin, agus leis na cairde ba dhlúithe dá raibh agam, b'in an chuid den dóiteán ba mhó a ghoill orainn.'

13 Ciondáil ar pheitreal, 1939. Bhí an cinneadh seo ar cheann de na chéad bhearta rialtais i ndiaidh thús an Chogaidh Mhóir. Níor cheadmhach carr a thiomáint ach amháin i gcás go mbeadh seirbhís riachtanach i gceist. Bhí fear amháin a d'fhéach le teacht timpeall ar an deacracht trí chúpóin bhréige a chur á gclóbhualadh. Ach bhí droch-chríoch ar an ngnó nuair a d'fhág sé síneadh fada ar cheannlitir 'A' ar lár.

14 Adhlacadh W.B. Yeats i nDroim Cliabh, 1948. Ó Nollaig 1938 amach is sa Fhrainc a bhí an file. Bhí sé ag obair ar a fheartlaoi ('Under Ben Bulben') idir sin agus 26 Eanáir agus d'éag sé 28 Eanáir 1939. Cuireadh é i Roquebrune agus de dheasca an chogaidh níorbh fhéidir an corp a thabhairt ar ais go hÉirinn. I gcoirbhéad de chuid an stáit a tugadh na taisí go Gaillimh – bhí Cuan Shligigh líonta le glár faoin am sin.

15 Cín lae William Penn, 1669. Bhí dearmad glan déanta go raibh a leithéid ann go dtí gur díoladh é ag Sotheby's sa bhliain 1901. Bhí cáipéisí eile le Penn in éineacht leis agus díoladh an t-iomlán ar £355. Thosaigh sé an chín lae nuair a bhí sé ag fágáil Londan le teacht go hÉirinn agus choimeád go dílis é ar feadh bliana. Feictear ann a fhuinniúla a bhí an fear óg seo. Ach ag cuimhneamh dúinn gur in Éirinn a scríobh sé beagnach an t-iomlán níl an oiread sin eolais ann i dtaobh chúrsaí na tíre. Bhí sé i gCorcaigh i bhfeighil na talún a fuair a athair ó Chromail. Chun é a dhealú amach óna chairde cráifeacha i Londain a chuir an t-athair i mbun an ghnó sin é. Bhí ioncam £1500 ón sealúchas sin aige ar ball. Murach an t-airgead sin ní móide go n-éireodh leis a bheith ina úinéir agus ina ghobharnóir ar Pennsylvania. Agus is i gCorcaigh a d'éirigh sé cinnte de gur cheart dó a bheith ina bhall de Chumann na gCarad agus a rith sé leis, toisc a dhonacht a bhíothas ag caitheamh le lucht an chreidimh sin, gur cheart dó aistriú go Meiriceá.

16 Bás Mhaitiú Uí Chiardha, 1839. Bhain eachtraíocht le saol an chlódóra iléirimiúil seo. Bhí sé bacach toisc gur lig a bhuime dó titim go talamh nuair a bhí sé bliain d'aois, rud a d'fhág freisin gur bhuachaill cúthail é. Shocraigh sé a aigne go luath ar bheith ina chlódóir agus ina dhíoltóir leabhar. B'éigean dó éalú chun na Fraince tar éis paimfléad polaitiúil a scríobh agus d'éirigh sé cairdiúil le Benjamin Franklin agus leis an nGinearál Lafayette. Faoin am a bhí sé 24 bliana d'aois bhí sé ina eagarthóir ar an *Freeman's Journal* agus ina dhiaidh sin ar an *Volunteers' Journal* arbh é a pholasaí Éire a chosaint i gcoinne chúngach eacnamaíoch agus polaitiúil Shasana. Taobh istigh de bhliain gabhadh é toisc fogha a thabhairt faoi Dháil Shasana sa pháipéar. D'éirigh leis éalú go Meiriceá in éadaí mná. Nuair a shroich sé Philadelphia ní raibh aige ach 12 ghine ach ba ghairid go raibh an *Philadelphia Herald* á fhoilsiú aige. Ba é ba thúisce i Meiriceá a d'fhoilsigh imeachtaí na parlaiminte ina pháipéar. D'éirigh leis a bheith ar dhuine de na foilsitheoirí ba thábhachtaí sna Stáit. Ach riamh níor lig sé Éire i ndearmad. Bhí spéis aige riamh sna scéalta a chuirtí amach faoin eirleach a rinneadh ar Phrotastúnaigh sa bhliain 1641 agus scríobh sé leabhar chun na scéalta sin a bhréagnú. Bhí ainm na macántachta air riamh agus ní foláir nó chuaigh an leabhar seo i gcion ar Mheiriceánaigh a linne.

17 Bás Francesco Geminiani, 1762. Dúirt Cathal Ó Conchúir ó Bhéal Átha na gCarr go raibh dúil mhór ag an gceoltóir Iodálach seo i gceol na hÉireann agus go ndeireadh sé nár chuala sé ceol chomh binn ná castaí chomh cliste sa cheol in aon tír eile taobh thuaidh de na hAlpa. Ba é ba thúisce a bhain feidhm as na comharthaí atá againn go fóill chun *crescendo* agus *diminuendo* a chur in iúl. Deirtear gur chaill sé lámhscríbhinn a thráchtais ar cheol le linn dó a bheith ar lóistín i bhFaiche an Choláiste i mBaile Átha Cliath, caill a bhrostaigh an bás chuige.

18 Mairtírigh Mhanchain, 1867. Ba iad an Captaen Timothy Deasy agus an Coirnéal Tom Kelly a bhí le saoradh. Ba iad taoiseach agus tánaiste na bhFíníní iad. Ach toisc ainmneacha bréige a bheith tugtha acu chaithfí iad a aithint go deimhneach. Bhí an brathadóir Corydon i Manchain agus síleadh gurbh é a dhéanfadh sin. Níor mhór mar sin iad a shaoradh ar a mbealach go Príosún Bellevue. Sórt príosúin ba ea an veain sa mhéid go raibh sí roinnte ina cillíní. Bhí seachtar póilíní ar an díon agus taobh istigh bhí an Sáirsint Brett. Ní fhéadfadh aon duine dul isteach sa veain mura n-osclódh seisean an doras ón taobh istigh, eolas nach raibh ag lucht na fuascailte. Scaoil Fínín as Baile Átha Cliath, Peter Rice, urchar tríd an nglas gur mharaigh Brett bocht. Ní raibh aon mharú ar intinn ag na Fíníní. Thug an Ceallach agus an Déiseach na cosa leo. Cúisíodh 26 ach bhí cúigear a raibh meas ceannairí orthu: Allen, Larkin, O'Brien, O'Meagher

Condon agus Maguire. Ní raibh i Mag Uidhir ach Éireannach ar tharla dó a bheith san áit mhícheart go míthráthúil. Ní raibh an Brianach sa láthair nuair a scaoil an Ríseach an t-urchar. Fear tinn lag ba ea an Lorcánach bocht. Ach daoradh an cúigear chun báis. Póilíní agus coirpigh is mó a thug fianaise ina n-aghaidh. Fuair Mag Uidhir pardún agus tugadh faoiseamh ón mbreith bháis don Chondúnach. In ainneoin na n-achainíocha a rinne intleachtóirí Shasana, John Stuart Mill, John Bright agus Swinburne, file, ina measc, crochadh an triúr eile.

19 Oráid Pharnell in Inis, 1880. Sainmhíniú láidir ar bhrí an fhocail nua *baghcat* is mó a bhí san óráid sin. An tiarna talún nach gcaithfeadh go cóir lena thionónta níorbh fholáir é a sheachaint ar an mbóthar, ar shráideanna an bhaile, sa tsiopa, ar fhaiche an aonaigh agus ar láthair an mhargaidh, agus fiú sa séipéal féin. Chaithfí é a scoitheadh amach ón bpobal mar a dhéantaí le lobhair i gcianaimsir.

Luimneach

20 Toghadh Isaac Butt i Luimneach, 1871. Aontachtaí ba ea é agus chaill sé a shuíochán sa pharlaimint agus chaith bliain go leith sa phríosún mar gheall ar fhiacha troma. Rinne sé dochar dá chleachtas dlí nuair a bhí sé ag cosaint na bhFíníní. Tuairim an ama sin a d'iompaigh sé go hoscailte ina náisiúnaí. D'fhéadfaí a áiteamh gurbh é Luimneach a chuir tús le gluaiseacht nua an fhéinrialtais.

21 Briseadh an *Wasp*, 1884. Sheol sí as Cathair na Mart agus bhí giúistís, sirriam, póilíní agus báillí ar bord chun cíosanna a bhailiú i dToraigh. Ní rabhthas á n-íoc ó thosaigh Cogadh na Talún. Bhí sé beartaithe muintir Inis Trá Thall a chur as seilbh ar dtús. I ndiaidh Ceann Áranna a shroicheadh chuaigh an bád ar strae óna cúrsa san oíche gan fhios d'fhear na stiúrach. Tharla in aice le teach solais Thoraí í nuair a bhuail an tubaiste í. Bhí 48 ar bord agus bádh 42. Deirtear go raibh na fir seo go léir ag fanacht ar ordú go bhfágfaidís an bád, ordú nár tháinig. I dtús na gcaogaidí chraol an BBC ceoldráma tuaithe i dtaobh na tubaiste. Tarraingíodh Balor Béimeann agus a shúil mhillteach isteach ann. Dúradh gur iompaíodh cloch in aghaidh an *Wasp*, an chloch a bhain le Turas Mór Cholm Cille. Deirtí go n-iompaíodh daoine an chloch seo tráth a mbeadh gorta ann chun longa a sheoladh isteach ar na carraigeacha. Ach níor fhéad staraí an oileáin, an tAthair Eoghan Ó Colm, aon fhianaise a fháil air sin i gcás an *Wasp*. Deir sé nach raibh a fhios ag na hoileánaigh an bád a bheith chucu fiú. Is cosúil nach raibh lampa an tí solais ar lasadh an oíche sin. Ach cúigear de na fir a tháinig slán bhí siad sásta a dhearbhú go raibh. Theastaigh ón séú fear an fhírinne a insint ach bhrúchtadh an fhuil as a bhéal gach uair a n-osclaíodh sé é. Cuireadh fios ar shagart. Dúirt seisean go stopfadh an fhuil ach go scríobhfadh an fear a ainm ar phíosa páipéir ag dearbhú go raibh an lampa ar lasadh. Ar an gcuma sin níor chaill aon duine d'fhir an tí solais a phost, más fíor don seanchas!

22 Imeaglú Inis Díomáin, 1920. Nuair a rinne na hÓglaigh luíochán sa Rinnín i gCo. an Chláir chuaigh na Dúchrónaigh le báiní. Loisc siad ocht dteach i Sráid na Cathrach agus mharaigh seanfhear. Bhí beairic acu san áit a bhfuil an t-ospidéal beag, leath bealaigh idir Inis Díomáin agus an Leacht. Thug siad leo cúpla leoraí de pheitreal isteach in Inis Díomáin agus chuir tine le háras an bhaile agus le tithe is siopaí. Mharaigh siad fear de na hÓglaigh agus chaith a chorp isteach ina theach féin a bhí trí thine. Mharaigh siad freisin buachaill óg a bhí ag iarraidh tine a mhúchadh. Ar an dea-uair bhí an oíche breá ciúin nó bheadh an baile ar fad dóite go talamh. Rud eile de, bhí formhór mhuintir an bhaile bailithe leo amach sna páirceanna. Bhí an oiread sin díomá ar na Dúchrónaigh nuair nár fhéad siad díoltas a agairt ar fhir an bhaile, agus bhí siad chomh hólta sin gur scaoil siad le scata géanna a casadh sa tsráid orthu. Buachaill óg a bhí i bhfolach chuala sé iad ag crochadh suas go magúil an amhráin *O, where are the boys of the village tonight?* Toradh maith a bhí ar obair na hoíche sin go raibh nuachtáin laethúla Shasana, *The Times, The Daily Telegraph* agus *The Manchester Guardian* go háirithe, ag ionsaí an rialtais agus ag éileamh go scoirfí na Dúchrónaigh.

23 Babhta Dempsey-Tunney, 1926. Bhí rudaí seachas cumas dornálaíochta i gceist. Le tamall bhí gnaoi an phobail caillte ag an Díomsach. Níor thairg sé a sheirbhís sa Chéad Chogadh Mór. Le trí bliana ní raibh sé sásta a theideal a chosaint agus dhiúltaigh sé bualadh leis an dornálaí gorm Harry Wills. 'Bhí cogadh maith' ag Ó Tonnaigh ach ní labhraíodh sé go múinte le hiriseoirí. Coicís i ndiaidh an bhabhta, cé gurbh eisean an seaimpín anois, is don Díomsach a tugadh an bualadh bos nuair a bhíothas ag bronnadh criosanna ar an mbeirt acu. Faíreach is mó a rinneadh faoin seaimpín.

24 Rugadh Charles Bianconi, 1786. Is beag má bhí focal Béarla aige nuair a thosaigh sé ag siúl bhóithre na hÉireann mar mhangaire pictiúr in aois a sé déag dó agus gan ach ceithre pingine sa tseachtain aige mar lón bóthair agus cothabhála. De bharr na mblianta sin bhí aige eolas maith ar Éirinn, cruas coirp agus aigne, agus trua don bhocht. Bhí siopa aige i gCarraig na Siúire sular aistrigh sé go Cluain Meala agus in 1815 chuir sé a chéad charr ag taisteal idir an baile sin agus an Chathair. Faoi 1843 bhí céad feithicil aige agus 1300 capall. Fiú in 1857, nuair a bhí na príomhbhóithre iarainn go léir bunaithe go maith, bhí breis is 60 carr agus 900 capall aige ag taisteal breis agus 4000 míle in 22 chontae. Roimh dheireadh a shaoil bhí 9000 acra talún aige in aice le Caiseal. Tiarna talún maith a bhí ann i rith an Drochshaoil. Gan amhras ní ag brath ar chíosanna na dtionóntaí a bhí sé. Chaitheadh sé go maith lena chuid fostaithe sa ghnó taistil agus d'íocadh a dtuarastal iomlán leo mar phinsean. Bhí sé cairdiúil ar feadh i bhfad le Dónall Ó Conaill agus toghadh é cúpla babhta ina ardmhéara ar Chluain Meala. Thoghfaí ina fheisire parlaiminte é murach gan cead suíochán a bheith ag eachtrannach. Bhí sé go mór ar son Fhuascailt na gCaitliceach agus chabhraigh a charranna le hÓ Conaill sa Chlár. Ach níor thaitin gluaiseacht an Reipéil leis. An fear gnó arbh eachtrannach é ba shábháilte dó tacú leis an *status quo*.

25 Parnell agus James Stephens ar a dturas deireanach abhaile, 1891. Parnell a thug ar an rialtas ligean don Fhínín filleadh abhaile. Níor casadh ar a chéile iad riamh. Nuair a chuaigh Parnell ar bord loinge i gCaergybi ní raibh a fhios aige an fear eile a bheith ar bord. Deich lá ina dhiaidh sin fuair sé bás in Brighton. An lá roimhe sin chuir sé sreangscéal go hÉirinn ag tacú le feachtas chun teach a cheannach don sean-Fhínín.

26 Rugadh Annie M.P. Smithson i nDumhach Trá, 1873. As a taithí féin a tháinig go leor dá bhfuil sa dosaen go leith leabhar grá a scríobh sí: banaltraí, dochtúirí, daoine ag iompú ina gCaitlicigh, tírghrá agus

poblachtachas.... An grá an phríomh-tháthchuid iontu ach ní heol go deimhneach gur theagmhaigh an t-eispéireas cloíteach sin léi: níor phós sí riamh.

27 An chéad léacht i Sraith an Dáibhisigh, 1953. An scríbhneoir Francis McManus a chuir tús leis an iarracht leanúnach seo ar scoláireacht a chur i láthair an ghnáthphobail raidió. Myles Dillon a thug an chéad léacht, ar luathstair na hÉireann, agus sa tsraith chéanna labhair D.A. Binchy, Dáithí Ó hUaithne, Micheál Ó Briain, agus James Carney. Tríocha gine a d'íocadh Radio Éireann ar léacht tríocha nóiméad, rud ab ionann agus míle punt ar a laghad sa bhliain 2000.

28 An Cúnant Sollúnta, 'Lá Uladh' 1912. Tugadh an tríú Bille Féinrialtais os comhair Dháil na Breataine i mí Aibreáin. Ní éireodh leis go dtí Eanáir 1913. Ba chuma cén dícheall a dhéanfaí feasta i dTeach na dTiarnaí ní fhéadfaí ach moill cúpla bliain ar a mhéad a chur air. Cheana féin bhíothas ag druileáil ina aghaidh i dtuaisceart na hÉireann. Chuir Edward Carson tús le plean an chúnaint. Ag cuimhneamh a bhíothas ar chúnant in Albain sa 15ú haois. Shaighneáil 218,206 fear an ráiteas seo go gcaithfí cur in aghaidh an tsocraithe nua le cibé rud ba ghá. Gan amhras, an druileáil a bhí ar siúl acu chiallaigh sé gur foréigean a bheadh i gceist. Bheidís dílis don Rí ach ní bheidís géilliúil dá pharlaimint. Dhearbhaigh 228,991 bean go dtacóidís lena gcuid fear. D'aontaigh Bonar Law agus na Tóraithe leis an gcás a rinne siad go ndéanfadh féinrialtas in Éirinn dochar don tír ar fad, do Chúige Uladh go háirithe, agus don Impireacht féin. Bhí an páirtí dealaithe amach ón gcumhacht le seacht mbliana anuas agus d'oir dóibh dul i bpáirt leis na hAontachtaithe. Ach 'margadh lofa parlaiminteach' a thug siad ar na Liobrálaithe agus an Páirtí Éireannach a bheith i bpáirtíocht.

29 Tomás Ó Cléirigh á scaoileadh saor ó Portland, 1898. Cúig bliana déag a bhí caite aige i bpríosún. Bhí cuid mhaith dá óige, go raibh sé deich mbliana d'aois, caite aige san Afraic Theas agus an tréimhse 1878 go 1883 caite aige sna Stáit Aontaithe. Um an dtaca seo ní raibh Éire feicthe aige le scór bliain.

30 Bunú Chumann na nGaedheal, 1900. Seo í an eagraíocht a chuir Art Ó Gríofa agus Liam Ó Maolruanaidh ar bun d'fhonn cumainn bheaga a raibh cuspóirí náisiúnta acu a chomhordú. Tháinig deireadh leis an gCumann nuair a bunaíodh Sinn Féin i gceart. Ach i 1923 roghnaíodh an t-ainm le cur ar an bpáirtí polaitiúil a bhí ar son an Chonartha Angla-Éireannaigh.

DEIREADH FÓMHAIR

1 Oscailt Choláiste Mhaigh Nuad, 1795. Tugadh an chéad fhaoiseamh maidir le cúrsaí oideachais do Chaitlicigh i 1782. Gan amhras ghéaraigh Réabhlóid na Fraince ar an deifir a bhí ar an rialtas agus ar na heaspaig chun coláiste Caitliceach a bhunú in aice le Baile Átha Cliath. Bhí deacracht ag baint feasta le sagairt a oiliúint thall. Bhí an t-óráidí oirirc Edmund Burke ag cur comhairle ar na heaspaig. Deirtear gur tairgeadh uachtaránacht an choláiste ar dtús don Abbé Edgeworth, an sagart a bhí in éineacht le Louis XVI ag an ngilitín. Ach ní ghlacfadh seisean leis an onóir. Ba chara leis an mBúrcach agus leis an Rí Seoirse III an tAthair Tomás Ó hEodhusa, séiplíneach Ambasáid na Spáinne i Londain, agus ghlac seisean leis. Ar feadh tamaill ghairid bhí sé freisin ina shéiplíneach ag fórsaí an Rí in Éirinn. Cheap na hiontaobhaithe deichniúr ollúna. Ina measc bhí ollamh na Gaeilge, an tAthair Seán Mac Lochlainn. Cibé fáth a bhí leis níor shuigh sé sa chathaoir riamh. Féachadh ar láithreacha i Stigh Lorgan, i nGlas Naíon agus ar Bhóthar Dhomhnach Broc, ach i ndeireadh báire roghnaíodh talamh agus foirgneamh a bhí ag John Stoyte i Maigh Nuad. Síleadh gurbh fhearr ná comharsanacht na príomhchathrach a d'fhónfadh Maigh Nuad do mhoráltacht agus do chumas staidéir na mac

léinn. Nuair a leagadh cloch bhoinn an fhoirgnimh nua 20 Aibreán na bliana dár gcionn sheinn Mílíste Londaindoire 'God save the King' agus chan idir mhic léinn agus chomhthionól mór an curfá go croíúil. Anuas go 1817 bhí tuataí á n-oiliúint ann. Thug easpaig bheith istigh arís dóibh an 21 Meitheamh 1966.

2 Tháinig na Spáinnigh i dtír i gCionn tSáile, 1601. Bhí 3,814 coisí leo. Eachtra thubaisteach sa stair is ea an gnó ar fad. Faoi 2 Eanáir 1602 bhí an baile i seilbh na Sasanach. Ní raibh eolas na muice ar an stair ag Séamas II agus is i gCionn tSáile a tháinig seisean i dtír chun tús a chur lena fheachtas, 12 Márta 1689. Tar éis na Bóinne is sa bhaile céanna a d'fhág sé slán le hÉirinn.

3 Fuadach an Dr Tiede Herrema, fear gnó ón Ollainn, i Luimneach, 1975. Scaoileadh saor é an 7 Samhain tar éis léigear 18 lá ar theach i Mainistir Eimhín. Bhí na fuadaitheoirí ag éileamh go saorfaí an Dr Rose Dugdale agus beirt phríosúnach eile. Gearradh príosúnacht 20 bliain ar Eddie Gallagher agus 15 bliana ar Marion Coyle.

4 Bás Noel Hartnett, 1960. I dtús a staire ba ghnách le Radió Éireann abhcóidí a fhostú mar bholscairí páirtaimseartha. Bhí Hartnett ar dhuine de na daoine ba cháiliúla díobh. Bhí sé tamall ina mháistir ar thráth na gceist. Ach labhair sé go poiblí agus go géar i dtaobh a dhonacht a chaith an rialtas le príosúnaigh phoblachtacha agus ní thabharfaí cead craolta dó arís go dtí gur tháinig rialtas nua i gcumhacht i 1948.

Binn Éadair agus an Trá

5 Litir Ruairí Mhic Easmainn, 1914. Bhí baint aige leis na hÓglaigh ó bunaíodh iad. Taidhleoir gairmiúil ba ea é agus is túisce ná formhór a chairde a bhí a fhios aige go mbeadh ina chogadh idir an Bhreatain agus an Ghearmáin. Ach shíl sé nach dtarlódh sé go dtí 1915 nó b'fhéidir 1916. Faoin am sin bheadh na hÓglaigh sách láidir agus bheifí in ann a thathant ar an mBreatain córas féinrialtais níos fearr a thairiscint má bhí na hÓglaigh chun cabhrú leo sa chogadh. Ach nuair a chaith saighdiúirí na Breataine leis an slua i ndiaidh theacht i dtír na ngunnaí i mBinn Éadair i mí Iúil, thosaigh sé ag labhairt le cruinnithe agóide i Meiriceá. Ansin tharla deighilt sna hÓglaigh nuair a thairg Seán Réamoinn lánchabhair na hÉireann sa Chogadh Mór. Chuir tagairtí don 'Bheilg bheag' as go mór do Mhac Easmainn. Nárbh é féin a nocht don domhan mór an bhrúidiúlacht a bhí ar siúl ag Beilgigh sa Chongó? Scríobh sé litir chuig nuachtáin ar 17 Meán Fómhair. D'imigh 18 lá thart sular cuireadh i gcló í ar an *Irish Independent*. Gan aon Éireannach a dhul chun troda in aghaidh na Gearmáine an teachtaireacht a thug sé. Den chéad uair, shílfeá, thug an Bhreatain faoi deara go raibh duine dá bpinsinéirí ina thréatúir. Scríobhadh chuige ag fiafraí arbh é a scríobh an litir. Ach faoin am a shroich an cheist sin Meiriceá bhí an tír fágtha ag Mac Easmainn. Bhí pas bréige curtha ar fáil dó ag Ambasadóir na Gearmáine sna Stáit. Agus é ar a bhealach chun na hIorua tháinig long de chuid na Breataine rompu agus tugadh na paisinéirí go Steórnabhagh. Ach níor aithníodh é agus bhí sé in ann a bhealach a dhéanamh go dtí an Ghearmáin mar ar lean sé dá fheachtas anuas go dtí aimsir na Cásca 1916.

6 Bás Sylvia Beach, 1962. D'fhéadfaí 'Cara na nÚdar' a thabhairt uirthi. Bhí go leor seachas díol leabhar ar siúl ina siopa, Shakespeare & Co. Leabharlann agus club ag scríbhneoirí agus ag lucht litríochta Pháras a bhí ann. Agus d'fhoilsíodh an comhlacht a gcuid leabhar. Nancy Woodbridge Beach a hainm ach b'fhearr léi Sylvia toisc gur Sylvester a bhí ar a hathair. Ministir Preispitéireach é siúd, ar nós a shinsear le hocht nglúin siar. Chuir sí fúithi sa Fhrainc nuair a bhí sí 29 mbliana d'aois. Bhí an Chéad Chogadh Mór ar siúl agus chaith sí tamall le sclábhaíocht feirme. Leabhair Bhéarla is mó a bhí sa siopa aici agus bhí tarraingt leithéidí Gide agus Claudel ar an áit. Ba mhaith le Sylvia go suífeadh custaiméir síos agus píosa de leabhar a léamh sula gceannódh sé é. Ach níor bhac sí le haon chuid de cheird smachtúil an leabharlannaí. An easpa teannais seo a thaitin le scríbhneoirí. I ndiaidh an chogaidh bhí tarraingt ag údair Mheiriceá ar an gcathair agus d'fháiltigh Sylvia rompu. I mí Iúil 1920 tháinig James Joyce go Páras. Thairg Shakespeare & Co. *Ulysses* a fhoilsiú ina iomlán nuair nach raibh aon fhoilsitheoir Béarla sásta é sin a dhéanamh. Ceithre mhí roimh a bás rinne sí an gníomh poiblí deireanach ina saol nuair a chuir sí brat gorm na Mumhan ar foluain os cionn Túr Joyce Lá Bloom 1962.

7 Bás David Neligan, an spiaire sa Chaisleán, 1983. I dTeampall an Ghleanntáin a rugadh é in 1899. Múinteoirí náisiúnta a bhí ina thuismitheoirí. Chuaigh sé isteach sa DMP in Aibreán 1918 agus faoi Fhómhar 1919 bhí ina bhall de bhrainse polaitiúil Roinn G i gCaisleán Bhaile Átha Cliath. D'éirigh sé as i mBealtaine 1920 ach d'iarr Micheál Ó Coileáin air dul ar ais. Bhí spiairí eile sa Chaisleán ach ba é an fear seo an t-aon phríomhspiaire díobh a bhí fágtha ag obair sa deireadh.

8 Duais Síochána Nobel á bronnadh ar Sheán Mac Giolla Bhríde, 1974. Bronnadh Duais Nobel ar Yeats i 1923, ar Shaw i 1926, ar E.T.S. Walton i 1951, ar Beckett i 1969 agus ar Heaney i 1996. Fuair Betty Williams agus Mairéad Corrigan an Duais Síochána an 30 Samhain 1976.

9 Bás Mhichíl Uí Cheallaigh, 1826. I mBaile Átha Cliath a rugadh é agus ba de chlann Mhic Cába a mháthair. Ceannaí fíona ba ea a athair agus theastaigh uaidh gur le leigheas a rachadh Micheál. Ach amhránaí sármhaith a bhí ann agus faoi Bhealtaine 1779 agus gan aige ach 15 bliana d'aois bhí sé ar a bhealach go Napoli. Deirtí gurbh é an chéad Sasanach é dár chan i gceoldrámaí thall. Is dóigh gur Béarlóir a shíl daoine a rá. Ba é an príomhtheanóir é i Vín ina dhiaidh sin, agus cara mór le Mozart ba ea é. Faoi 1800 bhí sé i Sasana agus tar éis iarracht ar an rí a fheallmharú i Lána Drury dúirt an Ceallach an véarsa breise le 'God Save the King' a chum Éireannach eile, R.B. Sheridan don ócáid. Foilsíodh cuimhní cinn Mhichíl in 1826. Insíonn sé iontu faoin uair a cuireadh in aithne é d'Impire na Gearmáine. Bhí cuid dá ardghinearáil timpeall air agus Ó Dónaill agus Caomhánach ina measc. B'as Buiríos Mór Osraí don Chaomhánach agus dúirt sé rud éigin i nGaeilge leis an gCeallach. Chuir sé ionadh ar an Impire nuair nár thug an t-amhránaí freagra air. 'Nach bhfuil teanga do thíre féin agat?', ar seisean. Agus d'fhreagair fear Bhaile Átha Cliath: 'Please, your majesty, none but the lower orders of the Irish people speak Irish.' Shíl an tImpire sin a bheith greannmhar agus d'fhéach sé timpeall ar an mbeirt ghinearál. Ach lig siad sin orthu nár chuala siad an freagra sin.

10 Bhuail toirpéad an *Leinster*, 1918. Sa bhliain 1897 a tógadh í. Ar a bealach go Caergybi a bhí sí, ceithre mhíle taobh thoir de Theach Solais na Cise, nuair a scaoil fomhuireán U123 an chéad toirpéad léi. Chuaigh sé sin amú ach mharaigh an dara ceann 21 de na 22 sórtálaithe poist. Bhuail an tríú toirpéad seomra na n-inneall agus rinne mórdhochar. Bhí 757 ar bord, ar shaighdiúirí a bhformhór, agus cailleadh 501. Bhí an aimsir an-gharbh. Ba í an tubaiste ba mhó riamh í i Muir Éireann.

11 Bunú Choláiste Alexandra, 1866. Sular bunaíodh é ní raibh aon deis ag mná scrúduithe tríú leibhéal a dhéanamh. Ná scrúduithe de shórt ar bith, ach ar éigean. Go ceann 18 mbliana eile ní bhfaigheadh bean céim ó cheachtar den dá ollscoil Éireannacha. Agus d'imeodh scór eile bliain sula dtabharfadh ceann díobh, Coláiste na Tríonóide, céimeanna do mhná. Gan amhras níorbh aon chabhair dóibh cáilíochtaí ollscoile nuair nach ligfí isteach in aon ghairm iad, cé is moite den mhúinteoireacht. Ó mháistreásaí tí is mó a d'fhaigheadh cailíní sna hardaicmí oideachas. Ach cá bhfaigheadh na máistreásaí féin oiliúint? An cheist sin a spreag Ann Jellicoe as Móinteach Mílic chun Coláiste Alexandra a bhunú. Ach d'áitigh ardeaspag Eaglais na hÉireann na deoise uirthi aidhm níos fairsinge ná sin a chur roimpi, go mbeadh an coláiste seo cosúil le hollscoil. I ndiaidh an Bhanphrionsa Alexandra a ainmníodh é. Bhí dhá rud a chabhraigh go mór leis: Acht an Oideachais Idirmheánaigh in 1878 agus gur thosaigh an Ollscoil Ríoga ag bronnadh céimeanna ar mhná in 1884. Ní raibh cead acu freastal ar léachtaí sna coláistí a bhain leis an ollscoil sin ach líon Alexandra an bhearna. Ba ghairid gur thosaigh Caitlicigh ag aithris orthu. I measc na múinteoirí Gaeilge in Alexandra ó am go chéile bhí Pádraig Mac Piarais, Úna Ní Fhaircheallaigh, an Dr Seán Mac Éinrí, Mairéad de Brún, Lil Nic Dhonnchadha, agus Caitlín Nic Gabhann. Agus i measc na n-iarscoláirí bhí Máire de Buitléir (a bhaist 'Sinn Féin' ar pholasaí Airt Uí Ghríofa), an t-ardscoláire Gaeilge Maud Joynt, an Dr Kathleen Lynn (an bhean ba thúisce a fuair céim leighis ón Ollscoil Ríoga), an file Winefred Letts, Muriel Gahan, príomhbhunaitheoir Bhantracht na Tuaithe, agus na péintéirí Estella Solomons agus Mary Swanzy.

12 Bás Ghearóid Iarla, 1398. Tá an Gearaltach seo, 3ú hIarla Deasmhumhan, ar an sampla is fearr den chaoi ar gaelaíodh na Normannaigh. Scríobh Gofraidh Fionn Ó Dálaigh dánta ina onóir agus chumadh sé féin laoithe cumainn i nGaeilge. Is é an Normannach is mó é ar tugadh stádas dó sa bhéaloideas.

13 An Bíobla Naofa, 1981. Chuir an cliarlathas coimisiún ar bun i 1945 chun leagan den Tiomna Nua a chur ar fáil. Foilsíodh Lúcás (1964), Matha (1966) agus Marcas (1972). I 1966 bunaíodh coiste stiúrtha chun leagan Gaeilge den Bhíobla iomlán a sholáthar. Bhí baint ag tuairim 24 sagart leis an saothar mór sin a chur i gcrích ach ba é an tAthair Pádraig Ó Fiannachta an fear eagair agus capall na hoibre. Bhí baint nár bheag ag an gCairdinéal Ó Fiaich le deimhin a dhéanamh de nach gcuirfí aon mhoill ar a fhoilsiú. Dúirt sé sa bhrollach: 'Chuir Eaglais na hÉireann éacht i gcrích nuair a d'fhoilsigh sí a leagan den Bhíobla sa seachtú haois déag.... Faoi mar a thugtar Bíobla Bhedell ar aistriúchán an 17ú haois measaimid nach mbeadh sé mí-oiriúnach Bíobla Uí Fhiannachta a thabhairt ar leagan an 20ú haois'.

14 Cath Fhocharta, 1318. San áit seo ceithre mhíle taobh thuaidh de Dhún Dealgan agus in aice le teampall a tógadh le hómós do Naomh Bríd (a rugadh san áit, más fíor) atá an Rí Éadbhard Brús curtha. Thit sé sa chath. 'Agus ní dhearnadh ó thús domhain, ó díchuireadh Fine Fomhóire as Éirinn, gníomh ab fhearr d'fhearaibh Éireann uile ná an gníomh sin. Óir tháinig gó agus gorta agus díth daoine ar fud Éireann i rith trí mbliana go leith agus d'ith na daoine gan amhras a chéile ar fud Éireann' (*Annála Chonnacht*). Ní in Éirinn amháin a bhí gorta fairsing sna blianta 1315-17 ach ar fud iarthar na hEorpa.

15 An chéad uimhir den *Nation*, 1842. '*Tis a great day and glorious, Ó Public for you – / This October Fifteenth, Eighteen Forty and Two! For on this day of days The Nation comes forth / To commence its career of Wit, Wisdom and Worth.* Is deacair a chreidiúint, ach ba é James Clarence Mangan a scríobh an raiméis sin sa chéad eagrán. Ina suí faoi chrann leamháin, gar do gheata Pháirc an Fhionnuisce, a shocraigh Cathal Gabhánach Ó Dufaigh, Tomás Dáibhis agus Seán Blácach Diolúin go gcuirfidís tús leis an bpáipéar. Ba é an fiontar iriseoireachta Éireannach ba mhó éifeacht é sa 19ú haois. Ó Dufaigh a smaoinigh air agus ba é amháin a bhí sásta caipiteal a chruinniú. Ní hamháin gurbh é an t-úinéir é ach ba é an t-eagarthóir é, tharla taithí mhaith ar an iriseoireacht aige. Ach ba é an Dáibhiseach ba mhó a d'fhág a rian ar an bpáipéar. Clóbhuaileadh 12,000 cóip den chéad eagrán agus díoladh an t-iomlán go luath. Le teann mífhoighne bhris giolla páipéar fuinneog san oifig nuair nár fhéad sé a thuilleadh cóipeanna a fháil le díol. Réal an praghas a bhí ar an seachtanán 16 leathanach seo, airgead mór san am. Scríobhadh sa *prospectus* gurbh í an náisiúntacht aidhm an *Nation*. Is aisteach le rá nach raibh fiú paragraf Gaeilge ann riamh. Ní faoi sin a bhí lagmheas ag Dónall Ó Conaill air. Ach maítear gurbh eisean a chuir an pobal mór ar fáil dó, 250,000 léitheoir an t-am ab fhearr a bhí sé. Cuireadh cosc air in Iúil 1848. B'in deireadh leis an bhfiontar mór, dáiríre, ach lean Ó Dufaigh leis ó 1849 go 1855 gur dhíol le A.M. Sullivan é nuair a bhí sé ag imeacht chun na hAstráile. Tháinig deireadh leis 5 Meitheamh 1897. I measc phleananna foilsitheoireachta eile na mbunaitheoirí nár forbraíodh bhí, creid é nó ná creid, almanag Éireannach!

16 Rugadh Micheál Ó Coileáin, 1890. Is dócha gurb é an rud is neamhghnáiche i dtaobh a theacht ar an saol go raibh 75 bliana d'aois ag a athair san am. Phós sé máthair Mhichíl nuair a bhí sise 23 agus é féin 60. Ach deireadh a mhuintir gur dhuine é nár tháinig an tseanaois riamh air. D'éag sé nuair a bhí Micheál sé bliana d'aois.

An Clochán

17 Seirbhís Marconi sa Chlochán, 1907. Cheannaigh sé 300 acra de thalamh portaigh ann sa bhliain 1905. Bhí láithreacha eile sa Bhreatain agus in Éirinn scrúdaithe aige. Go nuige seo is trí chábla a chuirtí teachtaireachtaí trasna an Atlantaigh. Nuair a thosaigh an teileagraf nua craolacháin seo idir Albain Nua agus an Clochán ar 9.00 maidin an 17 Deireadh Fómhair 1907, ní raibh de chostas le híoc ag nuachtáin ach dhá phingin go leith an focal. Cúig pingine an ráta do theachtaireachtaí príobháideacha. Cúig pingine agus scilling faoi seach a d'iarradh comhlachtaí cábla. Agus gan amhras bhí an tseirbhís nua i bhfad níos tapúla. Ar na chéad tarchuir ón gClochán bhí ceann ó Lloyd George ag fáiltiú roimh an tseirbhís toisc go ndaingneodh sé an Impireacht. Ach chuir comhairleoir contae i nGaillimh ceann chuig an Uachtarán Roosevelt ag guí go gcabhródh sé le hiarracht na hÉireann chun féinrialtas a bhaint amach. Rud a thaitneodh le Sinn Féin na haimsire sin gurbh í móin na háite a d'úsáidtí in áit guail chun coirí an stáisiúin a choimeád ar siúl. Ba ghnách suas le cúpla céad a fhostú ar obair na móna. Chuir poblachtaigh tine leis an stáisiún an 25 Iúil 1922 agus b'in deireadh leis. Dhúnfaí gan amhras é i gceann cúpla bliain eile ar aon nós: b'fhéidir feasta teachtaireachtaí a chur ó stáisiún sa Bhreatain Bheag. Is inspéise go raibh Jack Phillips fostaithe mar oibreoir teileagraf sa Chlochán. Seaimpín na Breataine sa léim fhada ba ea é agus ba é a chuir an SOS amach ón *Titanic*. Cléireach sa stáisiún ba ea Gearóid Ó Parthaláin a bheadh ina Aire

Gaeltachta. Briseadh as a phost é i 1917 nuair a gearradh príosúnacht mhíosa air toisc tine chnámh a lasadh chun bua Shinn Féin i bhfothoghchán an Longfoirt a chomóradh.

18 Coláiste na Naomh Uile, 1842. Ba é J.J. McCarthy ailtire an phríomhfhoirgnimh. Nuair a fiafraíodh den fhile D.F. McCarthy an raibh gaol aige leis is é a d'fhreagair sé: *Gemini are twins.* Cuid den choláiste is ea Teach Dhroim Conartha agus ba é Edward Lovett Pearce, ailtire an Fheistí, a thóg é tuairim 1720. Síltear gurb é an teach Seoirseach den ré sin i mBaile Átha Cliath is fearr a ndearnadh caomhnú air.

Leacht Cuimhneacháin Swift

19 Bás Jonathan Swift, 1745. Bhí meas Sasanaigh aige air féin agus ba mhaith leis a chur i gcéill gur i Sasana a rugadh é. Dúirt sé uair nárbh ainnise go ndamnófaí duine chun a shaol a chaitheamh in Éirinn. I dtreo dheireadh a shaoil féin, áfach, bhí seans aige post a fháil i Sasana ach b'fhearr leis, dúirt sé, a bheith ina shaorfhear i measc sclábhaithe ná ina sclábhaí i measc saorfhear.

20 Pósadh W.B. Yeats, 1917. Bhí an file os cionn an leathchéid agus ghabh deifir chun pósta é. Fadó roimhe sin dhiúltaigh Maude Gonne faoi thrí é. Anois dhiúltaigh a hiníonsan, Iseult, é. Bhí bean óg eile, Georgina Hyde-Lees, a raibh aithne aige uirthi le cúig bliana anuas. Sé bliana fichead d'aois a bhí sí. Bhí Yeats i ngrá lena haintín 25 bliana roimhe seo. Bhí Túr

Bhaile Uí Lí ceannaithe aige ar £35 agus dúirt fear barrúil gurbh oiriúnach an ball troscáin ann í an Georgina seo. D'oir sí go breá dó mar bhean chéile. Bhí sí nádúrtha agus bhí tuiscint don ghreann aici. Bhí sí go maith chun saothar ealaíne a mheas. Bhí sí praiticiúil i mbun an tí agus i gcoitinne. Bhí spéis aici i spioradachas agus bhí luathscríobh ar a cumas; bhí sí in ann a bhreacadh síos cibé rud a déarfadh a spioraid chomhairleacha le Yeats. Is léir gur thaitin Éire léi in ainneoin a chorraithe a bhí an tír nuair a leag sí cos ann den chéad uair. D'fhéadfadh Yeats, agus a raibh de chlú domhanda air, dul chun cónaithe in áit ar bith. Ach bhí George, mar a thugtar uirthi, sásta na samhraí a chaitheamh sa sean-Túr tais úd i mBaile Uí Lí. An pósadh sona socair sin, an bheirt chlainne a rugadh dóibh, páirt a bheith aige sa réim nua in Éirinn, ní foláir nó spreag siad agus bheoigh siad an file chun a cheird a chleachtadh agus é ag dul in aois. Ba é Ezra Pound, cara le George, a sheas leis lá a phósta.

21 Bás Thomas Prior, 1751. Chuir an tírghráthóir seo an RDS ar bun. I measc a mhórghníomhartha eile d'fhoilsigh sé liosta de na tiarnaí talún agus de lucht na n-oifigí gan chúram nach raibh ina gcónaí anseo. Tháinig dosaen eagrán amach i rith leathchéad bliain.

22 Comhcheilg Dhún ar Aill, 1829. Rinne Buachaillí Bána Chorcaí dhá iarracht ar cheannaire na dtiarnaí talún, George Bond Low, a fheallmharú. D'fhostaigh an rialtas Pádraig Ó Dálaigh chun dul isteach sna Buachaillí Bána mar spiaire. Thug sé a fhear gaoil 'Clampar' Ó Dálaigh in éineacht leis. Dhírigh siad a méar ar 21 agus bhí cúpla duine díobh sin sásta mionnú in aghaidh na coda eile. Bhí Seán Ó Laoghaire, feirmeoir láidir, ar an gceathrar ba thúisce a cúisíodh agus níor chreid an pobal go raibh sé riamh sna Buachaillí Bána. Sa chúirt i gCorcaigh is beag má rinneadh aon chosaint orthu agus daoradh triúr chun a gcrochta, Ó Laoghaire ina measc. Bhí ceathrar eile le tabhairt os comhair na cúirte agus chuaigh fear gaoil le duine acu an nócha míle siar go Doire Fhionáin ar muin capaill chun a iarraidh ar Dhónall Ó Conaill a bheith ina chosantóir acu. Tháinig sé go luath maidin an Luain agus thug an breitheamh cead dó a bhricfeasta a ithe sa chúirt. Ba ghairid go raibh finnéithe trí chéile aige agus an giúiré ag easaontú. Ordaíodh an dara triail a bheith ann. Thug an breitheamh féin faoi deara nach raibh fianaise bhéil Phádraig Uí Dhálaigh ag réiteach leis an leagan scríofa. Ligeadh na príosúnaigh saor. Ach bhí an triúr tosaigh sin le crochadh, in ainneoin gur leis an bhfianaise chéanna a ciontaíodh iad. Athraíodh an pionós agus seoladh amach go dtí New South Wales iad. Coimeádadh Seán Ó Laoghaire ann ar feadh naoi mbliana go dtí an lá a corónaíodh Victoria in 1838. Bhí sé anois 80 bliain d'aois, róshean chun an

turas abhaile a dhéanamh, agus chuaigh beirt dá mhic anonn mar chuideachta aige. Bhunaigh P.A. Sheehan an chuid is drámata dá úrscéal *Glenanaar* ar chomhcheilg Dhún ar Aill.

23 Bás Shéamais Mhic Mhaghnuis, 1960. Bhí an scríbhneoir Béarla seo beagnach 92 bhliain d'aois nuair a thit sé ón seachtú hurlár i dteach banaltrais i Nua-Eabhrac. I bhfíorthosach an chéid bhí a ainm mar dhíograiseoir teanga chomh mór sin i mbéal an phobail gur ainmníodh craobh de Chonradh na Gaeilge as. An tAthair Peadar Ó Laoghaire an t-aon duine beo eile a fuair a leithéid d'onóir.

24 Bás Mhuriel Mhic Shuibhne, 1982. Ar 9 Meitheamh 1892 a rugadh í agus bhí sí 13 bliana níos óige ná a fear céile Traolach. Pianódóir maith ba ea í. Casadh Mac Suibhne den chéad uair uirthi i 1915 agus ba nuacht ar fad aici go leor dár bhain leis ó thaobh polaitíochta agus cultúir de. Bhí a muintir an-mhaith as sa saol agus in aghaidh an náisiúnachais: ba leo grúdlann Uí Mhurchú. Bhí an mháthair in aghaidh an chleamhnais agus d'iarr ar an easpag comhairle a chur ar Mhuriel. Ach phós siad 9 Meitheamh 1917 i mBromyard i Sasana mar a raibh Traolach ar díbirt. Risteard Ó Maolchatha a sheas le Traolach. Rugadh iníon dóibh, Máire, an 23 Meitheamh 1918. Tar éis bhás Thraolaigh i 1920 d'imigh sí in éineacht le Máire Nic Shuibhne go Meiriceá chun fianaise a thabhairt i dtaobh a dhonacht a bhíothas ag caitheamh le hÉirinn. Ní raibh an tsláinte go maith aici agus d'éiríodh sí lionndubhach, bhí Éire chomh corraithe sin. Is dóigh gur dheacair di freisin ról bhaintreach an mhairtírigh a thógáil. D'imigh sí féin agus a hiníon óg go dtí an Mhór-Roinn tuairim 1923. Faoi 1932 bhí fonn ar an iníon filleadh ar Éirinn agus ar mhuintir a hathar. Theastaigh uaithi, is cosúil, saol níos socra a chaitheamh. Bhí Muriel gafa leis an troid in aghaidh an fhaisisteachais. Tharla freisin gur cheap Traolach Mac Suibhne a dheirfiúr Máire ina comhchaomhnóir. Bhí cás dlí ann agus rinneadh coimircí cúirte de Mháire óg. Go brách feasta ní bheadh Muriel sásta bualadh lena haoniníon. D'aistrigh sí go Sasana i 1939 agus chaith an chuid eile dá saol ann.

25 Micheál Daibhéid ag fágáil pharlaimint na Breataine, 1899. Chun cur in aghaidh pholasaí an rialtais i leith na mBórach a rinne sé é sin. An iriseoireacht a shlí bheatha feasta. An bhliain dár gcionn choimisiúnaigh nuachtáin Mheiriceánacha é chun tuairiscí a chur chucu i dtaobh Chogadh na mBórach, tuairiscí a mbeadh soiléiriú iontu ar dhearcadh na mBórach. Foilsíodh iad i bhfoirm leabhair dar teideal *The Boer fight for freedom*, 1902. Is dóigh go gcaithfí an Daibhéideach a áireamh ar dhuine de na cainteoirí dúchais Gaeilge ba mhó dár bhain cáil amach sa 19ú haois.

26 Rugadh Tomás Ó Deirg, 1897. Is dóigh gurbh é ab fhaide a bhí ina Aire Oideachais: ó 9 Márta 1932 go 8 Meán Fómhair 1939 agus ó 18 Meitheamh 1940 go 18 Feabhra 1948. De Valera a líon an bhearna ghairid úd i 1939-40.

27 An Treo Nua, 1878. John Devoy a thug an t-ainm *New Departure* ar an gcomhoibriú nua seo a bhí ar siúl ag na Fíníní, an Páirtí Parlaiminteach agus leithéidí Mhichíl Daibhéid arbh i gcúrsaí na talún is mó a bhí a spéis. Go ceann i bhfad ní bheadh aon dul chun cinn nárbh fhéidir a rianú siar go dtí an chomhthuiscint nua seo.

28 Bás Risteaird Uí Mhaoilbhréanainn, 1906. Scríofa ar a uaigh tá an méid seo: *Ba heolach é in ilteangaibh na hEorpa, go mórmhór sa teanga Ghaeilge agus fós i gceol agus damhsa na hÉireann agus mórán d'ealaíonaibh eile.* Maidir le damhsa bhí aiste shuimiúil dar teideal 'Mar leagadh an teach' i gcló aige ar *Irisleabhar na Gaedhilge* in 1892. 'Bhí san am úd [1876] i mBaile Átha Cliath fear darb ainm S a bhí ina dhea-shampla ar sheanscoil teagaisc an rince agus ina theagascóir an-ghasta sárchliste. Ó bheith ina ógfhear saibhir dhó bhí sé san am úd ina sheanfhear bocht. Bhíodh sé faoin tráth sin ag teagasc an damhsa agus na pionsóireachta ar an gcéad urlár de sheanteach ag ceann thiar shráidín Greg, áit ar a bhfuil Sráidín Findlater mar athainm faoi láthair....Teach breá mór a bhí ann fadó... ach bhí an teach faoin am sin ar críonadh agus ar feochadh agus beagnach i riocht a leagtha.... Dhá chéim déag na ríle fada [an cornphíopa] is iad a chleachtainnse faoi smacht an mháistir sin go cúramach friochnamhach fuireachair go ndúirt agus gur dhearbhaigh sé go raibh an oiread eolais agus clisteachta agamsa ar an damhsa sin agus a bhí ag aon cheardaí damhsa poiblí'. Chuaigh Risteard síos go dtí an ché gur cheannaigh éadach gorm mairnéalaigh, bróga éadroma agus búclaí geala. D'iarr sé ar a chairde teacht maidin Domhnaigh áirithe go ndéanfaidís léirmheas ar a fheabhas a bhí an cornphíopa aige. Faoi thrí a rinne sé é. Ar a mbealach amach as an seanteach chonaic siad sail adhmaid á cromadh faoi ualach an tí. Nuair a bhuail sé buille dá dhorn air tháinig crith tríd an teach ó bhun barr. 'Taca an mheán oíche nó tamall gearr ina dhiaidh thit an seanteach mór in éineacht le fothrom ábhal agus le fuaim uafásach gur líonadh béal an tsráidín le carnán luaithrigh, le brící agus le clocha.... Is amhlaidh sin a rinneas-sa, agus ní dem dheoin, an seanteach a leagan ag rince na ríle fada'.

29 Na chéad scannáin á dtaispeáint go rialta i mBaile Átha Cliath, 1896. Rianaítear stair na n-iarrachtaí ar ghluaiseacht a thaispeáint i bpictiúir siar go dtí an *camera obscura* sa bhliain 1654. Ach thosaigh an rud a dtugaimid cineama air sa Grand Café, Boulevard des Capuchines, Páras, 28 Nollaig 1895 nuair a d'íoc an pobal as a bheith ag féachaint ar scannáin a rinne na

deartháireacha Lumière. Ní raibh iontu ach pictiúir reatha d'oibrithe ag fágáil monarchan, de thraein ag teacht isteach i stáisiún agus a leithéid. Ach thaitin siad go mór leis an bpobal. Ba bheag an mhoill a rinneadh anseo agus taispeánadh scannáin ar 20 Aibreán 1896 in amharclann Dan Lowrey, The Star of Erin Variety Theatre. An Olympia a thugtar air inniu. Ní go rómhaith a d'éirigh leis an taispeántas sin ó thaobh na teicniúlachta de. Chuathas chun cainte le muintir Lumière agus d'éirigh go hiontach le taispeántas a thosaigh san amharclann chéanna ar 29 Deireadh Fómhair. Faoi 1915 bhí scór pictiúrlann sa phríomhchathair agus bhí scannáin á dtaispeáint ar fud na tíre. Fiche bliain i ndiaidh na chéad taispeántas sin a chonacthas *Birth of a Nation* le D.W. Griffith sa Gaiety. Mheas staraí na scannánaíochta, Liam Ó Laoghaire, gurbh é an scannán sin a chinntigh go mbeadh meas mórealaíne agus siamsaíochta feasta ar an gcineama.

Caisleán Rí Seon, Luimneach

30 Bás Tharlaigh Uí Uid, 1990. I Londain a rugadh é agus b'fhéidir gurbh é an t-aon scríbhneoir aitheanta Gaeilge é arbh Oráistigh a mhuintir. Tá cuntas ar an gcaoi ar iompaigh sé ina phoblachtach in *Ar Thóir mo Shealbha*, 1960. Bhí sé ina eagarthóir ar *Inniu* agus ba é a bhunaigh Na Teaghlaigh Ghaelacha.

31 Crochadh an Easpaig Traolach Ailbhe Ó Briain, 1651. Bhí Luimneach faoi léigear ag Ireton le bliain roimhe sin agus nuair a ghéill Aodh Dubh Ó Néill sa deireadh bhí 24 duine nár bhain na téarmaí réitigh leo. Crochadh 22 díobh, an t-easpag ina measc. Deirtear gur tairgeadh breab £10,000 dó i rith an léigir ach go bhfágfadh sé Éire. Ach lean sé air ag spreagadh an gharastúin chun nach ngéillfidís. Ní bhfuair Ireton aon léas ar a shaol de thairbhe an chrochta: d'éag sé 26 Samhain 1651.

SAMHAIN

1 Rugadh Oilibhéar Pluincéid, 1629. I mbeathaí na naomh féin tá léiriú le fáil ar rudaí seachas cráifeacht agus íobairt. Sampla air sin is ea an turas a thug Oilibhéar chun na Róimhe agus é ag dul le sagartacht. Um Nollaig 1646 bhí an tAthair Scarampi ag filleadh abhaile tar éis dó a bheith ina thaidhleoir ag Comhdháil Chill Chainnigh. Bhí long fostaithe aige i bPort Láirge agus níor mhiste leis gar a dhéanamh do roinnt ábhar sagart, a raibh Oilibhéar ina measc, agus iad a thionlacan go dtí Coláiste na nGael sa Róimh. Dhá mhí a chaith siad ag fanacht le cóir ghaoithe. Ar éigean lá ar an bhfarraige iad nuair a tháinig foghlaithe mara sa tóir orthu. D'éirigh stoirm san am céanna, rud a chabhraigh leo éalú ach a chuir eagla a n-anama orthu. Bhí siad trí seachtaine ar muir sular shroich siad Ostend. I bhFlóndras dóibh, ghabh bithiúnaigh iad. Ní hamháin gur goideadh a raibh acu ach ní ligfí saor iad gan airgead fuascailte. Níl a fhios cad as ar tháinig an t-airgead sin. Ach an ndearna siad caol díreach ar an Róimh ansin? Ní dhearna. Bhí de mhéid a mbuíochais go ndeachaigh siad ar oilithreacht go hAssisi, mar a gheall siad agus iad ag teitheadh ó na foghlaithe mara. Bhí cúig mhí caite acu ó shroich siad Port Láirge gur bhain siad an Róimh amach, dhá mhí ag fanacht le cóir agus trí mhí ag taisteal. Gan amhras ní bhíodh aon chaint ar thurasóireacht an uair sin.

2 Toghadh W.R. Grace (1832-1904) ina Mhéara ar Nua-Eabhrac, 1880. Ba é an chéad Éireannach agus an chéad Chaitliceach é dár toghadh sa phost sin in aon cheann de chathracha móra Mheiriceá. In aice le Cóbh a rugadh é. Rinne sé fortún mór i Meiriceá Theas agus 'The Pirate of Peru' a thugtaí air. Ach ina mhéara dó chuir sé in aghaidh camastaíola i measc póilíní.

An taobh thuaidh de Fhaiche Stiabhna, Baile Átha Cliath

3 An Ollscoil Chaitliceach, 1854. Ní ligfí do Chaitliceach post ollaimh a bheith aige i gColáiste na Tríonóide. 'Godless colleges' a thug na heaspaig ar na coláistí a bunaíodh i gCorcaigh, i nGaillimh agus i mBéal Feirste. Theastaigh ollscoil Chaitliceach uathu. Thug siad cuireadh do Shasanach, John Henry Newman, a bheith i gceannas an fhiontair. Taobh amuigh d'fhear na diagachta, is tuataí ar fad a cheap sé ina n-ollúna: scór Éireannach, ceathrar Sasanach agus beirt ón Mór-Roinn. Ollscoil do lucht Béarla an domhain a bhí ó Newman ach shíl na heaspaig sin a bheith ró-uaillmhianach. Chuaigh Newman chun cónaithe i 6 Sráid Fhearchair. Go brách ní rithfeadh leis go mbeadh club óil ag Gaeilgeoirí in íoslach an tí sin. Agus is in 86 Faiche Stiabhna a bhí an ollscoil. Mhionnaigh Buck Whaley, an fear a thóg é, nach bhfeicfí go brách sagart ag teacht thar tairseach ann. Cúpla lá i ndiaidh oscailt na hollscoile bhí *soirée* ann chun

go gcuirfeadh na mic léinn aithne ar a chéile. Cúigear déag a líon, agus mheabhraigh Newman dóibh líne Shakespeare in *Henry VI*: *The fewer men, the greater share of honour*. Riamh ní raibh thar trí scór ag gabháil do na healaíona ann. Theip ar an eolaíocht, an innealtóireacht agus an dlí. D'éirigh go maith le Dámh an Leighis. Cé is mó a bhí ag íoc as an taibhse gan tairbhe seo? Pinginí na mbocht a bhailítí an tríú Domhnach de Shamhain an tacaíocht ba mhó a bhí le fáil. Ba mhinic £10,000 le fáil ón mbailiúchán sin. Gníomh sonrach dá ndearna Newman Eoghan Ó Comhraí a cheapadh ina ollamh in ainneoin gan aon oiliúint fhoirmiúil scolártha a bheith air. Bhí Newman féin ar na daoine ba chíocraí a d'éisteadh lena léachtaí.

4 Lá mór ag Liam III, 1688. Baineann creideamh piseogach le dátaí breithe. Fear a chuaigh thar fóir leis is ea Liam III. Ar 4 Samhain a rugadh é. B'in é cothrom lá breithe a mháthar. Ba í sin Mary Stuart, deirfiúr le Séamas II, agus ba mhinic Liam óg ina shuí ar ghlúin an uncail sin. Ar 4 Samhain a phós sé iníon Rí Séamas, Mary Stuart eile. Ar a 38ú lá breithe a thosaigh an gaisce ba mhó ina shaol. Tháinig a loingeas Ollannach go cósta Dover an lá sin. Chuir sé an t-ionradh siar go dtí an lá arna mhárach, Lá Guy Fawkes, dáta siombalach eile. Ach chuimhnigh Sasanaigh ar 4 Samhain mar an lá a thosaigh riail na Parlaiminte in áit thíorántacht na ríthe. Chomh fada siar le 1690 bhí lá breithe Liam á chomóradh i mBaile Átha Cliath. Lá saoire poiblí ba ea é: bratach Shasana ar foluain os cionn an Chaisleáin; gunnaí móra á scaoileadh i bPáirc an Fhionnuisce agus roiseanna piléar á bhfreagairt sna beairicí go léir; gach clog eaglasta ag bualadh; mórshiúl taibhseach chuig an dealbh i bhFaiche an Choláiste agus Fear Ionaid an Rí, breithimh, Propast an Choláiste, an Méara, maithe agus móruaisle na cathrach páirteach ann. Ba mhó a thaitin Liam le hOráistigh na hÉireann ná leis na Sasanaigh. Meas eachtrannaigh a bhí ag Sasanaigh air. Nuair a d'éag sé is beag díobh a bhí á chaoineadh. Chuaigh ráflaí timpeall – gur fhág sé fiacha móra ina dhiaidh, nár íocadh as sochraid a chéile Máire go fóill, go raibh seoda na corónach i ngeall i siopa páin! Ach cé a déarfaidh nárbh é an rí Briotanach é is mó a d'fhág a rian ar Éirinn. Lena cheart a thabhairt dó b'fhéidir gurbh é an rí deireanach san Eoraip é a bhíodh i dtús cadhnaíochta lena arm ag dul sa chath, fáth gan amhras ar thaitin sé go háirithe le Fir Bhuí Uladh.

5 Stádas cathrach ag Béal Feirste, 1888. Faoin am sin bhí daonra chomh mór ann is a bhí i mBaile Átha Cliath. Cheana féin bhí stádas neamhoifigiúil cathrach bainte amach ag an mbaile. Bhí ollscoil ann agus ba é lárionad na nAontachtaithe é. Ach fós féin ní raibh ann ach baile mór gur thug Victoria a stádas nua dó.

6 Saolú Éamoinn Mhic Giolla Iasachta, 1889. Fear iléirimiúil: feirmeoir, comharchumannaí, úrscéalaí, staraí, foilsitheoir, fear lámhscríbhinní a shábháil, údar ar ghinealas agus ar shloinnte, polaiteoir. Ach cloímis le taobh na Gaeilge dá scéal. Rinne sé iarracht ar nua-Ghaeltacht a bhunú sa Chlár agus thug cainteoirí dúchais ann ón Rinn. Ach theip ar an iarracht nuair a thosaigh Cogadh na Saoirse. Domhnach na Fola chaill Éamonn an cara ab ansa leis san obair, Conchubhar Mac Clúin. Ba é Éamonn ba mhó faoi deara gur foilsíodh *Seacht mBua an Éirí Amach* le Pádraig Ó Conaire. Bhí sé ina stiúrthóir ar chomhlacht Maunsell san am. Theastaigh airgead go géar ó Phádraig, agus gan aon duine eile sa chomhlacht a cheadú, cheannaigh Éamonn an cóipcheart uaidh ar £50 as a phóca féin. Rud eile a rinne sé, an iris *An Sguab* a fhoilsiú. Tuairim an ama sin toghadh é ina theachta sa chéad Seanad. Gadhar faire na Gaeilge sa teach sin ba ea é. Ceann d'úrscéalta móra na haimsire sin ba ea a shaothar *Cúrsaí Thomáis*. Bhí sé ina chisteoir ag an dream a d'fhéach le plaic a chur suas san Fhiacail le hómós do Bhrian Merriman tuairim 1947. Níor theip riamh air vótáil i dtoghchán go dtí gur cuireadh suas fear nach raibh aon Ghaeilge aige le bheith ina Uachtarán ar Éirinn. Cuimhnigh gur i Somerset a rugadh é (nó amuigh i lár na farraige, mar a mhaíodh sé féin), gur as Lincolnshire dá mháthair agus gur i scoil phoiblí Rugby a cuireadh oideachas air.

7 Céadléiriú *Arrah na Pogue*, 1864. Scríobh Dion Boucicault breis is 130 dráma agus shaothraigh cúig mhilliún dollar leo. Bhí gach ceird amharclainne aige: údar, bainisteoir, aisteoir, teicneoir stáitse. Ba é a chuir tús i Meiriceá leis an nós compántas aisteoirí a thabhairt timpeall na tíre i ndiaidh réim fhada a bheith ag dráma i Nua-Eabhrac. Roimhe sin ní théadh timpeall ach cúpla móraisteoir agus dhéantaí aisteoirí eile a fhostú go háitiúil. Bhí an-chion ag muintir na hÉireann air mar gheall ar na drámaí *The Colleen Bawn*, *The Shaughraun*, agus *Arrah na Pogue*. I Nua-Eabhrac a céadléiríodh an péire tosaigh ach is i mBaile Átha Cliath a tugadh an chéad léiriú ar *Arrah na Pogue*. Baineann an scéal leis an mbliain '98 i nGleann Dá Loch. Tá spiorad an náisiúnachais chomh tréan ann gur deacair a chreidiúint gur éirigh go han-mhaith leis in amharclann an Princess i Londain. Tá an rann seo in amhrán sa dráma a chum Boucicault féin: *Then since the colour we must wear is England's cruel red / Sure Ireland's sons will ne'er forget the blood that they have shed.* Tuairim an ama sin bhí an Fínineachas faoi lánseol. B'fhéidir gur toisc a raibh de ghreann is de spraoi sa dráma a d'éirigh leis i Londain. Ní mór a rá go bhfuil an tÉireannach stáitse beo beathach ann. Ach is daoine cliste geanúla greannmhara iad Éireannaigh stáitse Boucicault, leithéidí Conn the Shaughraun, Myles na gCopaleen agus Seán the Post. Ba iad Shakespeare agus Boucicault an bheirt údar is mó

a raibh tionchar acu ar Sheán O'Casey. Deirtear freisin go raibh sé ina shampla ag Chekhov agus é ag iarraidh gan aithris a dhéanamh ar dhrámadóirí a linne.

8 Sochraid Dan Leno, 1904. 'Rí na Hallaí Ceoil' a thugtaí air. Éireannach dar sloinne Galvin ba ea a athair agus ba le linn dó sin a bheith ag tabhairt imchuairte ar amharclanna in Éirinn a d'fhoghlaim Dan le haithris a dhéanamh ar an amhránaí Éireannach. Nuair a tháinig sé os comhair an phobail ar dtús is mar seo a cuireadh síos air: *Acrobat-contortionist with a speciality in Irish songs*. I 1901 ba é ba thúisce de mhuintir na hallaí ceoil a chuir seó go speisialta ar siúl do rí na Breataine. Bhí na mílte ar a shochraid.

9 Bás P.W. Nally, 1891. Seo é an fear ar ainmníodh seastán i bPáirc an Chrócaigh as. Deir cuid de staraithe Chumann Lúthchleas Gael gur de bharr comhrá a dhéanamh le Nally i bPáirc an Fhionnuisce in 1879 a bhunaigh Micheál Cíosóg an eagraíocht, ach deir beathaisnéisí Chíosóg, Liam P. Ó Caithnia, nach fíor sin. Chaith Nally bocht deich mbliana sa phríosún i ngeall ar Fhínínneachas agus d'éag dá dheasca in aois a 34. Lúthchleasaí den scoth a bhí ann.

10 Ár Dhún an Óir, 1580. Tháinig an díorma Pápúil seo de Spáinnigh agus d'Iodálaigh i dtír in Ard na Caithne ar 12 Meán Fómhair faoi cheannas Sebastian San Giuseppe. Ba ghairid gur thug an Tiarna Grey de Wilton faoin dún. Is mar seo a chuir Thomas D'Arcy McGee síos ar ar tharla: 'Bhí Sir Walter Raleigh, is Spencer, file, is Aodh Ó Néill..., a bhí ina thaoiseach ar mharcshlua ag an mBanríon Eilís leis an linn úd, bhíodar súd a dtriúr ar na hoifigigh a bhí ar an arm ionsaithe.... De réir dhealraimh is le hordú Raleigh agus Wingfield a dineadh an bhúistéireacht ghránna ar 800 príosúnach cogaidh agus a caitheadh le faill iad. Tá farraige dhoimhin agus taoide neartmhar ar an imeallbhord san, ach ní leor doimhneas na farraige chun an choir úd a cheilt..., ná ní leor uisce na farraige chun an fhuil a ghlanadh d'ainm an dreama ba chiontach'. Le Tomás de Bhial an Ghaeilge.

11 Taisce séad á tabhairt don Acadamh Ríoga, 1903. I mBrú Íochtair gar do Léim an Mhadaidh tháinig treabhdóir ar iodh nó coiléar maisithe, babhla, muince, torc agus rudaí eile. Ag obair in aice le habhainn taoide a bhí sé. Chaith an feirmeoir cúpla punt chuige agus dhíol an t-iomlán le trádálaí ó Chorcaigh. Fuair seisean £600 orthu ó Mhúsaem na Breataine. Fuair Acadamh Ríoga na hÉireann gaoth an fhocail agus dhearbhaigh gur ciste a cuireadh i dtaisce a bhí iontu. Chun a mhalairt a chruthú bheadh ar an Músaem a thaispeáint go dtagadh an taoide suas sa chianaimsir

chomh fada leis an áit a bhfuarthas iad agus gur chaith an t-úinéir na nithe san abhainn nó san fharraige mar ofráil mhóideach, b'fhéidir, agus nach raibh súil aige lena bhfáil ar ais. Glaodh ar shaineolaithe chun fianaise a thabhairt. Tarraingíodh Manannán mac Lir isteach sa scéal. Bhí geolaithe réasúnta cinnte gur talamh tirim ba ea an áit sa ré réamh-Chríostaí. Ach bheadh sé deacair a chruthú. Chuaigh Seoirse Ó Cofaigh agus Lloyd Praeger ó thuaidh chun fianaise a bhailiú. In aice le Port Stíobhaird i gCo. Dhoire chonaic siad an rud a bhí uathu, talamh neoiliteach agus uirlisí ársa agus soithí cré ann dhá throigh os cionn leibhéal stoirme na mara. Chruthaigh sin go raibh an talamh chomh hard céanna sa chianaimsir. Má b'fhíor sin faoi Phort Stíobhaird b'fhíor é faoin áit a bhfuarthas an ciste. Ba é breithiúnas na cúirte gurbh é a bhí sna hearraí luachmhara seo *a hoard hidden for safety in a land disturbed by frequent raids and forgotten by reason of the death or slavery of the depositor.* Is ar an ábhar sin a tugadh iad don Acadamh Ríoga i mBaile Átha Cliath.

Ardeaglais Chill Chainnigh

12 Rinnuccini (1592-1621) i gCill Chainnigh, 1645. Giovambattista ab ainm baiste do leagáid seo an Phápa agus bhí sé ina ardeaspag ar Fermo.

13 Bás J.C. Shanahan, 1949. Ba é an Corcaíoch seo a chum an ceol 'The Banks of my own lovely Lee'. Scríobh sé chuig iníon Bhard na Laoi, Seán Mac Gearailt, ag iarraidh cead ceol a chur leis na véarsaí. D'fhreagair sise nárbh é a hathair a scríobh ach cara leis a chuaigh go Meiriceá tuairim 1880. Is trí bhotún a cuireadh an dán isteach i leabhar le Mac Gearailt a foilsíodh i ndiaidh a bháis.

14 Oscailt na Leas-Ardeaglaise i mBaile Átha Cliath, 1825. Leagadh an chloch bhoinn an 3 Márta 1815 agus b'amaitéar é an t-ailtire, John Sweetman ó Bhinn Éadair. Ní heol aon fhoirgneamh eile dá dhéantús. Bhí grúdlanna ag a mhuintir i mBaile Átha Cliath agus bhí sé féin ina bhall de na hÉireannaigh Aontaithe. Chaith sé cúig mhí i bpríosún Chill Mhaighneann, ceithre bliana i ngéibheann in Fort Augustus in Albain, agus 18 mbliana ar deoraíocht i bPáras. Bhí sé róthinn le bheith ag an oscailt agus d'éag i mBealtaine 1826. Is trua scéal maith a lot ach ní mór a admháil go luaitear an foirgneamh seo freisin leis an ailtire cáiliúil Sir Richard Morrison.

15 Bás Peter Talbot i gCaisleán Bhaile Átha Cliath, 1680. Coisriceadh ina ardeaspag ar Bhaile Átha Cliath in Antuairp é sé mhí sular coisriceadh Oilibhéar Pluincéid ina ardeaspag ar Ard Mhacha in Gent. Ba é athbhunú an chliarlathais é. Ba de Thalbóidigh Mhullach Íde Peter. Ba dheartháir dó Iarla Thír Chonaill agus bhí sé mór le Séarlas II. Gabhadh é i 1678 i ndiaidh do Titus Oates leabhar éithigh a thabhairt ina aghaidh. Ba ghairid go gcrochfaí an Pluincéadach. Anuas go 1673 bhí an bheirt acu ag troid i dtaobh cé acu an in Ard Mhacha nó i mBaile Átha Cliath a bheadh Príomháidheacht Éireann.

16 Oscailt Stormont, 1932. Is beag tír a bhfuil teach parlaiminte chomh háirgiúil sin aici, eastát 300 acra timpeall air agus ascaill bhreá trí cheathrú míle ar fad suas go dtí a dhoras. Tá radharc den scoth ón ardán atá os a chomhair amach.Tá sé píosa maith taobh amuigh de Bhéal Feirste, an fad ba ghá, b'fhéidir, chun an ghramaisc, bídís ina mic léinn cheannairceacha nó ina bhfeirmeoirí stailciúla nó ina mná trodacha, a choimeád amach uaidh. An Bhreatain a thug mar bhronntanas do Thuaisceart Éireann é. Milliún punt a chosain sé. 'Stormount' ceartainm na háite. Feirmeacha deasa cluthaire ag Preispitéirigh a bhí san áit lá den saol. Ach i 1789 ceapadh an tUrramach John Clelland ina reachtaire ar Bhaile Nua na hArda. Bhí poist seachas sin aige, é ina bhreitheamh agus ina aibhéardaí ag an Tiarna Castlereagh. Deirtear nach nglacfadh sé le nótaí airgid óna thionóntaí, go gcaithfidís boinn óir a thabhairt dó. Bhaineadh sé allas as na boinn seo, cleas a bhí ag sprionlóirí chun deannach óir a chruinniú. Mar bhreitheamh bhí sé i dteideal airgead ón tseirbhís rúnda a íoc le spiairí agus brathadóirí. Grabálaí talún ba ea é agus cheannaigh sé feirm i ndiaidh feirme, páirc i ndiaidh páirce, go raibh eastát mór Stormont aige. Ansin thóg sé teach mór faoi thúiríní agus fhorbhallaí ar nós caisleáin. Bheadh sin ar ball ina theach cónaithe ag príomh-airí Thuaisceart Éireann. Lá na hoscailte ní foláir nó shíl an dream a bhí thuas sa saol go mairfeadh a bparlaimint go brách. Agus an fear a rinne an searmanas, Edward rídhamhna na Breataine, is beag a shíl sé gur ghairid go gcaithfeadh sé dul ar deoraíocht.

17 Aistriú ón mBlascaod, 1953. Bhí daonra 176 ann tuairim 1916. Faoi 1947 ní raibh fágtha ach leathchéad. B'éigean an scoil a dhúnadh sna luathdhaichidí. Bhaineadh an-deacracht le básanna go háirithe: fir ag dul an turas fada farraige agus bóthair faoi dhéin an tsagairt; turas eile chun cónra agus gléas tórraimh a cheannach. An dream is mó a mbeadh fonn orthu dul ar an tsochraid, na seandaoine, bheadh orthu fanacht ar an oileán. Faoi Shamhain 1953 ní raibh fágtha ach 22 duine.

18 Handel i mBaile Átha Cliath, 1741. Tar éis daichead bliain bhí Georg Friederich tuirseach dá shaol i Londain. Ag an bpointe sin fuair sé cuireadh go hÉirinn ó Fhear Ionaid an Rí. Aistear duaisiúil ba ea é an uair sin. B'fhusa dul chun na Seapáine inniu. Nuair a shroich Handel an ché ar abhainn an Dee b'éigean dó fanacht tamall fada le cóir ghaoithe. Ní thógadh an turas farraige ach 14 uair ach bhí sé fíorchontúirteach. Ní raibh de chriú ag an gcaptaen ach triúr mairnéalach agus buachaill. Ní deacair a shamhlú cén sórt soithigh a bhí inti. A luaithe a shroich sé Baile Átha Cliath chonaic sé ar an *Dublin Journal* go mbeadh sé ag seinm an orgáin i gceann cúpla lá in eaglais Naomh Aindriú ar mhaithe le hOspidéal Mercer. Fuair sé lóistín i Sráid na Mainistreach agus thosaigh láithreach ag ullmhú le haghaidh leathdhosaen coirmeacha ceoil. Dhá lá roimh Nollaig a bhí an chéad cheann agus scríobhadh ar an *Dublin Journal* nár chualathas ceol chomh breá leis riamh. Ba é an Déan Swift an t-aon bhreac amháin sa bhainne. Bhí an fear bocht ag dul as a mheabhair san am agus chuir sé fógra amach á bhacadh ar aon duine dá chléir fidléireacht ná píobaireacht ná trumpadóireacht a dhéanamh ná fiú amhrán a rá ag na coirmeacha seo. Bhí 700 ag an *Messiah* san Aibreán. Chun go ligfí tuilleadh isteach i Halla Sheamlas na nIasc impíodh ar mhná gan a gcuid fonsaí a chaitheamh agus ar fhir gan claimhte a thabhairt leo. Leathghine a bhí ar thicéad. Tugadh an t-airgead ar fad do na hospidéil agus dá gcuid féichiúnaithe.

19 Bás an tSeabhaic, 1964. Ar ghreann amháin, d'fhéadfaí *Jimín Mháire Thaidhg* (1921) agus *An Baile seo 'gainne* (1913) a áireamh mar chlasaicigh. Is beag ficsean a scríobh sé i ndiaidh 1922. Deirtear gur ghoill Cogadh na gCarad rómhór air. Le béaloideas, foilsitheoireacht, logainmneacha, scoláireacht agus le cúis na teanga a chaith sé an chuid eile dá shaol.

20 John Davies in Éirinn mar Phríomh-Aturnae, 1603. Is é seo an staraí Seon Davis a raibh drochmheas ag Céitinn air. Is é a scríobh *A Discourse of the True Causes why Ireland was never entirely subdued, nor brought under obedience of the Crowns of England, until the Beginning of his Majesties happie raigne*, 1613. Bhí ardmheas ag Séamas I air i ngeall ar a chuid filíochta. An fear seo a raibh páirt an-mhór aige i bPlandáil Uladh is gnách go roghnaítear dán leis i ngach eagrán den Oxford Book of English Verse.

21 Comhrac aonair i Meiriceá Theas, 1814. Ba as Clochar, Co. Thír Eoghain, do Shéan nó Juan Mac Cionnaith. Bhí a uncail, Alasdar Ó Raghallaigh, ina ghinearál sa Spáinn agus chabhraigh sé le Juan a bheith ina innealtóir míleata in Barcelona. Cé go raibh ag éirí go maith leis shíl sé gur thapúla a rachadh sé chun cinn sa saol i bPeiriú. Bhí litir aige a chuirfeadh in aithne é d'Ambrosio Ó hUiginn a bhí ina fhear ionaid ag rí na Spáinne. Ceapadh Juan ina ghobharnóir in Osorno agus chaith naoi mbliana ann. Bhí ardmheas air i ngeall ar a fheabhas a rinne sé ullmhúchán in aghaidh aon ionradh a dhéanfadh Napoléon. Faoin taca sin bhí na coilínigh ag cur eagair chatha orthu féin chun buille a bhualadh ar son an neamhspleáchais. Chabhraigh Juan leis na reibiliúnaigh sa tSíle faoi José Carrera. Ceapadh é ina ghobharnóir ar Valparaiso. Ba ghairid go raibh sé i gceannas ar airtléire agus innealtóireacht san arm. Ach ba mhinic é ag easaontú le Carrera agus chabhraigh sé le Bernardo Ó hUiginn, mac tabhartha Ambrosio, teacht i gcumhacht ina áit. Bhí sé ina thánaiste anois ag an Uiginneach. Ach d'éirigh le Carrera teacht ar ais i gcumhacht agus cuireadh Mac Cionnaith ar deoraíocht go Mendoza. Casadh air sa chathair sin oíche Luis Carrera, deartháir le José. Cibé maslaí a chaith siad le chéile b'éigean dóibh comhrac aonair a throid agus maraíodh an tÉireannach. Trua go raibh sé chomh teasaí sin: d'éirigh le Bernardo teacht i gcumhacht arís agus ba é an chéad uachtarán ar an tSíle é.

22 Bás Arthur Sullivan, 1900. B'as Corcaigh dá sheanathair, sáirsint san arm a chaith tamall ag seasamh garda ar Napoléon in St Helena. Ó Cochláin ba shloinne do mháthair Artúir. *The Emerald Isle* ba theideal dá

Inis Sionnach agus Inis Píc, Corcaigh

cheoldráma deiridh. Baineann sé le Terence O'Brien atá ag cur in aghaidh bheartais ghalldúcháin Fhear Ionaid an Rí. Tá Lady Rosie Pippin, a iníonsan, i ngrá le Terence. Tadhganna an dá thaobh is ea Blind Murphy the Fiddler agus Molly O'Grady. Tugann an t-arm fogha faoi cheanncheathrú na reibiliúnach. Daortar an Brianach chun báis. Ach toisc fuil Mheiriceánach ina fhéitheacha scaoiltear saor é agus pósann sé Lady Rosie. D'éag an Súilleabhánach sula bhféadfadh sé an ceol a chríochnú. Ba chóir gur bhuí linn an beagán.

23 Bású Perkin Warbeck, 1499. An fear seo a lig air gurbh é mac Edward IV é, tháinig sé go Corcaigh um Shamhain 1491 agus arís i mí Iúil 1497. Shuigh sé léigear ar Phort Láirge ar 25 Iúil 1495, ach is beag a bhí aige dá bharr. Chuir lucht na cathrach go leor dá loingeas go tóin poill, agus is as sin a bronnadh an mana *Urbs Intacta Manet Waterfordia* ar an gcathair. Nuair a rinne sé ionradh ar an gCorn i bhfómhar na bliana sin bhí cuid mhór Éireannach in éineacht leis. San Ísiltír a rugadh is a tógadh é.

24 Bás Pheadair Uí Chearnaigh, 1942. Tionóisc is ea amhrán náisiúnta go minic. Ar feadh tamaill fhada is stádas neamhoifigiúil a bhíonn ag a leithéid. Is mar sin a bhí i gcás 'Amhrán na bhFiann'. Ba dhóigh le Séamas de Búrca, beathaisnéisí Pheadair, gur i mbialann ar an gcúinne mar a dtagann Sráid Uí Chonaill agus Sráid an Iarla Thuaidh le chéile a scríobh Pádraig Ó hAonaigh agus Peadar é tuairim 1907. Faoin am a foilsíodh é in *Irish Freedom* bhí Pádraig marbh. Ghlac na hÓglaigh leis mar amhrán máirseála. Deirtear gurbh é Séamas Ó hAodha, cumadóir 'The Watchword of Labour', a chuir i mbéal an phobail é: amhránaí gairmiúil ba ea é ar feadh tamaill. Nuair a chuimhneofá ar a mhinice a deirtí é, shílfeá gur dhuine saibhir Peadar. Ach fear bocht oibre ba ea é ar feadh a shaoil, é ina phéintéir tithe ar nós mhac a dheirféar, Breandán Ó Beacháin. Bhíodh obair le fáil aige in Amharclann na Mainistreach nuair a bhí an foras sin ina hóige. I gcaitheamh an scór bliain deiridh dá shaol agus an stát dúchais bunaithe go maith bhíodh sé gan obair go minic. Bhí an Roinn Airgeadais an-chnuaisciúnach san am agus shíl nár cheart aon airgead a íoc ar amhrán náisiúnta. Fuarthas amach chomh deireanach le 1965 gur le heastát Uí Chearnaigh/Uí Aonaigh cóipcheart an amhráin go fóill agus go leanfadh amhlaidh go 1993. Ag an bpointe sin cheannaigh an rialtas na cearta ar £2500. Bhí sé ródheireanach chun go mbainfeadh Peadar ceol as. Cuimhnigh gurbh é an fear céanna a scríobh focail 'Down by the Glenside', 'The Tri-Coloured Ribbon-O', 'Whack fol de diddle', 'Down by the Liffeyside', 'Knockcroghery'..., cuid nach suarach de *repertoire* an ghnáth-Éireannaigh.

25 Bunú na nÓglach, 1913. Bíonn an stair gabhlánach. Ráithe roimhe sin bhí Bráithreachas na Poblachta ag beartú gluaiseacht mhíleata a bhunú. San fhómhar cuireadh buíon d'óglaigh armtha ar bun i mBaile Átha Luain. Ar 19 Samhain bunaíodh Arm na Cathrach. Áitíonn Pádraig Ó Snodaigh (*Comhghuaillithe na Réabhlóide*, 1966) nárbh é Eoin Mac Néill a chéadmhol, ná fiú a mhol, go gcuirfí na hÓglaigh ar bun san aiste leis 'The North Began' ar *An Claidheamh Soluis*. Ach is cinnte gur baineadh úsáid as an aiste sin chun cruinniú a thionól sa Rotunda, arbh ann a bunaíodh an fórsa, agus gurbh é Mac Néill a bhí ina chathaoirleach ar an gcruinniú.

26 Lá breithe na n-ardfhear, 1910. Is annamh a saolaíodh an lá céanna beirt a bhí chomh céimiúil le Máirtín Ó Direáin agus Cyril Cusack. Ní raibh siad éagsúil ar fad. Filí ba ea iad. Dhéanadh an Direánach beagán aisteoireachta agus bhí sé páirteach sa chéad léiriú de *Diarmuid agus Gráinne* sa Taibhdhearc. Scríobh an Cíosógach dráma Gaeilge.

27 Oscailt an Gaiety, 1871. Bhí sé á thógáil le leathbhliain roimhe sin agus ba é *She Stoops to Conquer* le Oliver Goldsmith a bhí ar siúl oíche na hoscailte.

28 Cruinniú tionscanta Shinn Féin, 1905. Níor tugadh Sinn Féin mar ainm ar an eagraíocht go dtí 1908. Bhí trí chumann gaolmhar le chéile: an Chomhairle Náisiúnta, Clubanna Dhún Geanainn agus Cumann na nGaedheal. Aontaíodh an dá cheann deiridh le chéile i 1907 faoin ainm 'Sinn Féin League' agus ansin aontaíodh iad sin agus an Chomhairle Náisiúnta le chéile faoin ainm 'Sinn Féin'. Ach is ag an gcruinniú i 1905 a glacadh leis an m*beartas* ar tugadh 'Sinn Féin' air.

29 Burke agus Hare, 1827. Tá an ceannfhocal *burke*, briathar aistreach, i bhfoclóir Béarla-Gaeilge de Bhaldraithe agus na leaganacha seo air: 'Ceilim, folaím. **To burke the question**, folach a chur ar an scéal, cos a bhualadh ar an scéal'. Beag a shíl William Burke as dúiche Orbhraí i gCorcaigh go mbeadh a shloinne i bhfoclóirí. I seaneagráin den *Oxford English Dictionary* bhí an méid seo: '1. To kill secretly by suffocation or strangulation, in order to sell the victim's body for dissection, as Burke did. 2. To smother, hush up.' Agus baineadh an sliocht seo as tuairisc ar chrochadh poiblí sa *Times* i mí Feabhra 1829: 'As soon as the executioner proceeded to his duty the cries of "Burke him, burke him, give him no rope" were vociferated'. Bhí an Búrcach seo ag obair mar sclábhaí sna canálacha a bhí á dtógáil in Albain agus tharla ar lóistín é i dteach duine dar sloinne Hare ó Cho. Dhoire. Bhí an-éileamh ag máinlianna ar chorpáin san am. Ba chontúirteach ó thaobh na sláinte de a bheith ag tógáil corp i reiligí dorcha i lár na hoíche. Bhí seanphinsinéir ag saothrú an bháis i

dteach lóistín Hare agus rith sé leis gur lú an chontúirt agus an duainéis a bhainfeadh le seanduine a phlúchadh. Mheall siad cúig dhuine dhéag de thaistealaithe bochta isteach sa teach, chuir ar meisce iad agus d'imir cleas an philiúir orthu. D'fhaighidís idir £8 agus £14 an corp orthu ón Dr Knox a raibh scoil anatamaíochta aige. D'éirigh na comharsana amhrasach. Ach cén fáth nach 'Hare' a tugadh ar an ngníomh gránna seo? Thug a pháirtí fianaise in aghaidh an Bhúrcaigh agus d'imigh saor ón gcrochadóir – agus ón bhfoclóirí.

30 Bás Phaidí Kavanagh, 1967. D'fhág sé an scoil nuair a bhí sé 12 bhliain d'aois agus chuaigh le ceirdeanna a athar, gréasaíocht go páirtaimseartha agus feirmeoireacht. Ní dheachaigh sé go hiomlán le scríbhneoireacht go raibh sé 35. Cárbh ionadh é a bheith ina mhac barrúil? Ach is féidir cuid de rún a phearsanachta a fháil san eolas a thug a dheartháir Peter in *Sacred Keeper*. Scoláire fáin ón iarthar ba ea an seanathair agus bhí sé ag múineadh scoile in Inis Caoin tuairim 1854. Thit sé i ngrá le cailín aimsire sa teach lóistín. Baintreach óg ba ea í agus leanbh aici. Is dóigh go raibh sise i ngrá leis-sean freisin. A luaithe a bhí sí ag iompar clainne chuir sé ceiliúr pósta uirthi. Fear onórach ba ea é. Ach d'fhreagair sí go raibh a dóthain den phósadh aici. Ní foláir nó ba bhean an-neamhspleách í, agus cróga lena chois. D'fhág an máistir an paróiste gan amhras agus shocraigh síos i dTulach Mhór. Bhí sé ar ball ina rúnaí ag údarás áitiúil. Rugadh cúpla don bhaintreach. Cailleadh leanbh díobh. Ba é athair an fhile an duine a mhair. Tá fianaise Pheadair againn go raibh seisean eolach ar ábhair go leor agus ar an dlí go háirithe. Bhíodh na comharsana ag iarraidh comhairle air go minic. Ní raibh focal san fhoclóir nach raibh ar a theanga aige. Ní deacair a shamhlú go dtiocfadh cáilíochtaí éagsúla an scoláire fáin, na seanmháthar agus an athar anuas mar oidhreacht chuig an bhfile.

NOLLAIG

1 Bhain Ronnie Delaney an rás 1500 méadar i Melbourne, 1956. Ba é an chéad bhonn óir Oilimpeach ag reathaí Éireannach é ó bhuaigh an cliathóir Bob Tisdall rás 400 méadar i 1932. Tharraing Ronnie siar ón 1500 méadar sa Róimh sna Cluichí Oilimpeacha dár gcionn. Cothrom an lae seo i 1991 d'éag an Dr Pat O'Callaghan a bhuaigh péire bonn óir ag caitheamh an oird.

2 Cumann Phlás Chill Dara, 1811. 'An Cumann chun oideachas a chur ar fáil do bhochta' an teideal a bhí air ar dtús ach thugadh gach duine an t-ainm eile air. Ba mhian leo déileáil go cóir cothrom le gach aicme chreidimh. Léifí an Bíobla i ngach scoil ach ní thabharfaí aon mhíniú air. Taobh amuigh d'am na scoile d'fhéadfadh sagart nó ministir a mhíniú dá mhuintir féin cad a bhí i gceist sa cheacht, dar leis féin. Bhí Caitlicigh sásta go leor leis sin i dtosach. Bhí modhscoileanna ag an gCumann i mBaile Átha Cliath chun múinteoirí a oiliúint. D'fhoilsigh siad sraith iomlán de leabhair scoile agus chuir córas cigireachta ar bun. Síleann staraithe an oideachais go raibh modhanna múinte agus riaracháin acu chun tosaigh ar a raibh i dtíortha eile. Bhí an stát sásta deontais airgid a thabhairt dóibh

agus bhí Dónall Ó Conaill féin ar an mbord stiúrtha tamall. Faoi 1831 nuair a bunaíodh an córas náisiúnta oideachais bhí breis agus 1600 scoil ag an gcumann agus beagnach 140,000 ag freastal orthu. Ach le seacht mbliana roimhe sin bhí Caitlicigh éirithe an-mhíshásta. Bhí an cumann, dúirt siad, ag tabhairt cuid den deontas stáit do lucht iompaithe creidimh. I roinnt scoileanna bhí nótaí mínithe á gcur leis na ceachtanna Bíobla, dúirt siad. Ghoill sé orthu go raibh Protastúnaigh i dteideal formhór mór na n-ionad a bheith acu ar bhord stiúrtha an Chumainn. Ach géilltear gur éirigh thar cionn le Cumann Phlás Chill Dara ar feadh tamaill.

3 Sonnach Eureka, 1854. Dúradh gurbh ann a saolaíodh daonlathas na hAstráile. Éireannaigh ba ea formhór na bhfear a bhí páirteach ann. Ba é Peadar Ó Leathlobhair, dearthair le Séamas Fiontán, an ceannasaí. 'Vinegar Hill' an pas le dul isteach sa sonnach. Ag cuimhneamh a bhíothas ní hamháin ar '98 ach ar éirí amach a bhí ag na hÉireannaigh caoga bliain roimhe sin i 'Vinegar Hill' i New South Wales. James Esmond, Éireannach, ba thúisce a tháinig ar ór i stát Victoria. Faoi Shamhain 1854 bhí tochaltóirí óir i mBalarat míshásta ar ábhair éagsúla. Ceann díobh gan cead vótála a bheith acu toisc nach i dtithe ach i bpubaill a bhí cónaí orthu. Mharaigh úinéir an tí ósta in Eureka duine de na mianadóirí ach scaoil na húdaráis saor é. Ansin thug na póilíní drochbhualadh do ghiolla an tsagairt pharóiste. Bhí an fear martraithe seo ar cuairt chuig duine tinn san am. Masla dá gcreideamh a bhí ann, dar leis na hÉireannaigh. Bunaíodh Cumann Balarat chun go leasófaí an dlí agus chaith na mianadóirí a gceadúnais tochailte sa tine. Ceannairc a bhí ann, dar leis na húdaráis. Thóg na mianadóirí sonnach a luaithe a thuig siad go rabhthas le fogha a thabhairt fúthu. Chuir siad gabha Gearmánach a dhéanamh pící. Céad acu a bhí sa sonnach nuair a thug 300 saighdiúir fúthu roimh bhreacadh an lae. Maraíodh nó gortaíodh go dona 34 de na mianadóirí agus ba Éireannaigh scór díobh sin. Cuireadh tréas i leith 13 ach scaoil gach giúiré saor iad. Go gairid ina dhiaidh sin bhain na tochaltóirí amach na cearta a bhí uathu.

4 Bás John Tyndall, 1893. Tá sé ar na hÉireannaigh a bhain ardcháil amach san eolaíocht. I nDroichead Leathghlinne i gCeatharlach a rugadh é. Pílear Protastúnach, a raibh an-dúil sa léann aige, a athair agus chuir sé John ar scoil chuig an múinteoir ba cháiliúla sa chontae, Caitliceach darb ainm John Conwill a raibh scoil aige i mBaile na mBranach. Bhí poist éagsúla ag Tyndall, sa tSuirbhéireacht Ordanáis ar dtús, ansin ar na bóithre iarainn, agus ar ball mar mhúinteoir. Ní raibh faighte aige ach bunoideachas ach d'éirigh leis cúrsa ollscoile a dhéanamh sa Ghearmáin. Bhí sé 32 bhliain d'aois san am agus ba ghairid go raibh sé ar dhuine de

Ceatharlach agus an tír máguaird

scoláirí móra na heolaíochta. Cainteoir breá agus múinteoir éifeachtach ba ea é. Bhí sé in ann aon rud a mhíniú i bprós simplí. Is ar an gcuma sin a rinne sé an t-uafás chun an eolaíocht a bhrú chun cinn. Toghadh é ina uachtarán ar Chumann Eolaíochta na Breataine. Mar eolaí bhí ardspéis aige sna hAlpa agus bhain sé cáil ar leith amach mar dhreapadóir sléibhe. Ba é ba thúisce a dhreap an Weisshorn. Locht neamhghnách ar fhir léinn is ea an bhiogóideacht ach d'fhéadfaí sin a chur i leith Tyndall. Ba thrua leis fiú gur fuasclaíodh Caitlicigh. Dúirt sé uair go mbeadh a raidhfil ar a ghualainn aige in arm na nOráisteach dá mbriseadh cogadh amach in Éirinn. B'fhéidir gur mhíniú ar an máchail sin a chráite a bhíodh sé i ngeall ar easpa codlata. Ghoideadh sé am ón oíche chun a bheith ag staidéar agus ansin ní fhéadfadh sé titim ina chodladh. Lean sin ar feadh caoga bliain. Chun go bhfaigheadh sé suaimhneas éigin bhí trialacha le drugaí ar siúl aige. An miosúr mícheart a thug a bhean dó oíche ba thrúig bháis dó.

5 Bás T.W. Rolleston, 1920. Bhí ardmheas ag an scoláire Dáithí Ó hUaithne ar a dhán 'The Dead at Clonmacnoise' (*In a quiet water'd land of roses, / Stands St Kieran's City fair*) ach thaispeáin nárbh aistriúchán ón nGaeilge é ach leagan fileata d'aistriúchán próis a rinne William Maunsell Hennessy. *Cathair Chiaráin Cluain Mac Nóis, / baile drúchtsholais deargróis* tús an bhundáin.

6 Daoradh John O'Leary, 1865. Scór bliain a gearradh air ach níor chaith sé ach naoi mbliana sa phríosún agus an fuílleach ar deoraíocht. Pionós trom é ag cuimhneamh dúinn nach raibh aon mharú ná buamáil déanta go fóill ag na Fíníní. Bhí Ó Laoghaire ina eagarthóir ar *The Irish People* agus le cúpla bliain bhíodh ábhar tréasach ann. Is cosúil nár chúis imní sin go dtí gur shín brathadóir chuig na húdaráis litir a scríobh James Stephens, úinéir an pháipéir, inar dhearbhaigh sé gur sa bhliain a bhí ann a bheadh an t-éirí amach.

7 Foilsiú 'God save Ireland', 1867. Chumadh George Frederick Root amhráin do pharlúis Mheiriceá. Ní rómhaith a thaitin a shloinne leis agus ar feadh tamaill is Wurzel (an Ghearmáinis ar a shloinne) a thugadh sé air féin. Ceann dá amhráin is ea 'The Vacant Chair', a chuireann síos ar bhás oifigigh airm sa Chogadh Cathartha. Deirtear gur tharraing sé oiread airde ar an gcathaoir mar bhall troscáin is a tharraing 'Granny's Old Armchair'! Ach chumadh Root amhráin mháirseála freisin. Deirtí ceann díobh, 'Tramp, tramp, tramp, the boys are marching,' chomh minic sin in Éirinn gur cheap daoine gurbh amhrán Fíníneach é. Beag a shíl Root go gcuirfí an ceol céanna le hamhrán a bheadh ina iomann neamhoifigiúil in Éirinn go ceann daichead bliain, mar atá 'God save Ireland'. Chuaigh bású Allen, Larkin agus O'Brien i gcion go mór ar an bpobal, agus is faoi sin a chum T.D. Sullivan an t-amhrán. Foilsíodh é ar *The Nation*, a bhí á fhoilsiú ag a dheartháir Alexander san am. Toisc ceol Root a bheith ar eolas cheana ní raibh moill ar dhaoine an t-amhrán a fhoghlaim. Bhí sé á rá lá a fhoilsithe ag scata oibrithe i mBaile Átha Cliath agus chuala T.D. féin é á chrochadh suas ag scata mór i stáisiún traenach Bhinn Éadair. Ní dóigh go bhfuarthas cead riamh ó George Frederick Root!

8 Ceathrar á gcur chun báis, 1922. I bPríosún Mhoinseo a básaíodh gan triail Liam Ó Maolíosa ó Loch Garman, Risteard Bairéad ó Chorcaigh, Seosamh McKelvey ó Thír Eoghain, agus Ruairí Ó Conchúir ó Bhaile Átha Cliath i ndíoltas bhás Liam Hales T.D. an lá roimhe sin. Bhí sé ar cheann de thragóidí Chogadh na gCarad: ba é Caoimhín Ó hUiginn an tAire Gnóthaí Baile agus ba é Ó Conchúir a sheas leis sin lá a phósta bliain roimhe sin.

9 'An Bhrionglóid' sa Dánlann Náisiúnta, 1969. Le hairgead G.B. Shaw a ceannaíodh 'El Sueño' le Francisco José de Goya y Lucientes (1746-1828) ar £225,000. D'fhág an drámadóir a mhaoin le huacht chun aibítir foghraíochta Béarla a chumadh. Nuair nárbh indéanta a mhian a chur i gcrích roinneadh an t-airgead ar thrí institiúid a raibh sé faoi chomaoin acu, an Dánlann Náisiúnta ina measc.

10 An IRA agus eaglaisigh Phrotastúnacha san Fhiacail, 1974. Chun sos lámhaigh a réiteach a chruinnigh siad le chéile faoi choim sa Village Hotel. An tUrramach Baxter ó bhaile na Sionainne a d'eagraigh é. Fógraíodh sos ar 20 Nollaig ach thosaigh an foréigean arís san athbhliain. Cuimhníodh ar an ócáid mar dheis nár tapaíodh.

11 Géarchéim bhunreachtúil sa Bhreatain, 1936. Bhí Edward VIII meáite ar Mrs Simpson, bean cholscartha, a phósadh. B'éigean dó an choróin a thabhairt suas. Níor mhiste le de Valera lántairbhe a bhaint as an trioblóid ríoga seo. Ritheadh péire acht faoi dheifir: ceann chun na tagairtí iomadúla don choróin a bhaint as Bunreacht an tSaorstáit; agus acht chun an choróin a aithint nuair a bheadh taidhleoirí á gceapadh agus comhaontuithe idirnáisiúnta á ndéanamh.

12 Áras Ceoldrámaíochta Chorcaí trí thine, 1955. Tógadh halla sealadach ar an suíomh sin in 1852 chun Taispeántas Mór Chorcaí a reáchtáil. Nuair a bhí deireadh leis sin beartaíodh an halla a chur in oiriúint mar láthair ealaíon a dtabharfaí 'The Athenaeum' uirthi. Ach laistigh de scór bliain is halla ceoldrámaíochta a bhí ann. Ach níorbh amhránaí fear amháin díobh sin a bhí ar an ardán sna blianta tosaigh ach John Mitchell, a bhí tinn lag agus é ag labhairt le slua mór. Scríobh D.L. Kelleher faoin gcuairt sin ar 27 Feabhra 1875 in *The Glamour of Cork*. 'But the effort is in vain, for in a minute or two he sinks down, faints, is helped off, and way back to Sunday's Well and so home to Newry where in a few weeks he is dead...'

13 Keogh vs Ó Donnabháin Rosa, 1865. Is minic gurb iad an breitheamh agus an cosantóir a sholáthraíonn an teannas agus an drámaíocht sa chúirt. Bhí cúlra Gaelach ag an mbeirt seo ach bhí a dhúchas tréigthe ag an mBreitheamh William Keogh ar mhaithe le dul chun cinn sa saol. Agus ba é Rosa an dúchas sin ina phearsa. Mar bhainisteoir ar an *Irish People* a bhí sé i ngabhann na cúirte. Sa pháipéar sin ba mhinic a chuirtí Keogh i gcóimheas leis na breithiúna ba lú trócaire sa stair, Norbury agus Jeffries. Ar an ábhar sin amháin rith sé le Rosa a thaispeáint nárbh fhéidir do Keogh caitheamh go cóir leis. Ach theip ar an bpointe dlí sin agus shocraigh sé ina aigne, nuair nárbh fhéidir dó buachan, go raibh sé chomh maith aige an breitheamh seo a chrá. Ní bheadh aon abhcóide aige agus léifeadh sé amach sa chúirt gach píosa fianaise dá raibh ina aghaidh, rud ab ionann agus comhad iomlán an *Irish People*. Gheall sé nach mbacfadh sé leis na fógraí! Lean sé air ag léamh ar feadh ocht n-uaire an chloig agus ansin d'fhiafraigh de Keogh cathain a chuirfí an chúirt ar athlá. 'Lean ort ag léamh' an freagra a thug seisean air. Thuig Rosa ansin gurbh fhearr a

d'éireodh le Keogh agus leis an ngiúiré cur suas le tuirse na léitheoireachta: b'fhéidir leo sin néal a chodladh ar a gcaoithiúlacht. Air féin a thitfeadh an chuid ba throime den tuirse.

An tInbhear Mór

14 Géilleadh Mhichíl Uí Dhuibhir, 1803. Bhí cúig bliana caite i sléibhte Chill Mhantáin aige agus bhí an tóir ag dul i ndéine: bhí bóithre nua tógtha ag an Rialtas agus beairicí nua á dtógáil. Gabhadh a mháthair, a bheirt deirfiúracha agus cuid eile dá mhuintir agus dá chairde. Chuaigh a bhean chuig William Hume, tiarna talún liobrálach, agus ansin, oíche mhór ghaoithe agus báistí, chuaigh sé féin ann. A anam a thabhairt leis agus cead dul go Meiriceá na téarmaí a socraíodh eatarthu. Ach faoi mar a tharla b'éigean dó bliain is trí ráithe a chaitheamh i gCill Mhaighneann agus is go dtí an Astráil a chuirfí é.

15 Crochadh Sheáin Mhic Neachtain, 1761. Cearrbhach ó cheantar Bhaile Muine ba ea é. Fágadh le huacht aige eastát arbh fhiú £500 é. Chaith sé gach pingin agus bhí sé báite i bhfiacha. Phós sé iníon le fear saibhir ach faoi cheann cúpla bliain bhí sé ar ais ag imirt na gcártaí. Bhíothas ar tí a ghabhála mar gheall ar fhiacha. Bhí a bhean bhocht i luí seoil san am agus fuair bás den imní. Ach shábháil an Tiarna Massareene Mac Neachtain agus fuair post dó mar bhailitheoir cánach. An mac tíre i bhfeighil na gcaorach! Chuaigh £800 d'airgead an rí amú agus coigistíodh talamh Mhic Neachtain. Ach arís tháinig amadán i gcabhair air, Andrew Knox ó Dhoire. Bhí iníon 15 bliana ag Knox. Bheadh fortún £5000 le fáil léi agus bhí sé furasta dul i gcion uirthi. Shocraigh Mac Neachtain sórt éigin searmanais

phósta. Ach níor éirigh leis an gcleas. Ansin rinne sé iarracht í a fhuadach ach mharaigh sé le hurchar iomraill í. Bhí bá ag an bpobal leis mar shíl siad go raibh sé pósta uirthi. Níorbh fhéidir siúinéir a fháil a chuirfeadh suas croch. Uncailí an chailín a chuir suas sa deireadh é ar an tSrath Bán. Bhris an rópa cnáibe faoi thrí. Sa chás sin ba ghnách duine a ligean saor ach d'ordaigh Mac Neachtain don chrochadóir an jab a chríochnú. Thuig sé, is dóigh, gur mhac croiche é, an duine nach bhfuil i ndán dó ach an chroch. Nó b'fhéidir gurbh é an grá agus nárbh é an cearrbhachas ba chúis leis an tragóid agus gurbh fhearr leis anois bás a fháil.

16 Aonad Éireannach sa Spáinn, 1936. Tuairim 80 a d'fhág Éire le troid in aghaidh Franco. Proinsias Ó Riain a bhí i gceannas orthu. Faoi Oíche Nollag bhí a bhformhór ag an bhfronta. Bhí 500 Éireannach faoi Eoin Ó Dufaigh ar an taobh eile.

17 Cruinniú ar son na mBórach, 1899. Bunaíodh Coiste Transvaal le cur in aghaidh earcaíochta. Ba é Joseph Chamberlain ba mhó faoi deara beartas an rialtais i leith na hAfraice Theas agus bhí deis aige teacht go Baile Átha Cliath nuair a rinne Coláiste na Tríonóide cinneadh go mbronnfaidís céim air. Shocraigh Coiste an Transvaal cruinniú agóide ina aghaidh a thionól i bPlás Beresford. Cuireadh cosc ar an gcruinniú ach shocraigh an coiste gan aird a thabhairt air. Maidin an lae a bhí ceaptha chuaigh carráiste oscailte timpeall ag tabhairt na gcainteoirí isteach go dtí ionad na hagóide. Ina measc bhí Art Ó Gríofa, Maud Gonne agus Séamas Ó Conghaile. Ar éigean tosaithe ag an gcéad chainteoir, Ó Conghaile, nuair a ghabh na píliir lucht an ardáin. Thug siad iad go dtí beairic Shráid Stór agus dúirt leo gur taobh amuigh de theorainneacha na cathrach a chaithfeadh an cruinniú a bheith. Is cosúil nach raibh na píliir róchinnte faoin dlí ina leithéid de chás. As go brách arís leis an gcarráiste ar bogshodar. Ó Conghaile a bhí ag tiomáint agus bhí fianlach mór ón DMP ag iarraidh coimeád suas leo. I Sráid na Feise rinne póilíní ar chapaill iarracht an carráiste a stopadh agus bhí mionghráscar ann. Thit póilín amháin dá chapall. Thug an carráiste aghaidh ansin ar sheomraí an Choiste i Sráid na Mainistreach agus is ann a tionóladh an cruinniú. Ach rinne Ó Conghaile iarracht eile ar labhairt leis an slua sa tsráid. Gabhadh é agus cuireadh ina leith gur thiomáin sé carráiste in áit phoiblí gan cheadúnas. B'fhéidir fronsa a thabhairt ar áiféis an lae sin.

18 Acht chun an UDR a bhunú, 1969. Bhí molta ag Tuarascáil Hunt deireadh a chur leis na B-Speisialaigh agus go mbunófaí ina n-ionad reisimint a bheadh faoi smacht Arm na Breataine. Saolaíodh an fórsa nua ar 1 Aibreán 1970.

19 Scaoileadh Micheál Daibhéid saor as Dartmoor, 1877. Seacht mbliana agus seacht mí a bhí caite aige i ngéibheann. Shroich sé Londain an oíche chéanna agus chuir Isaac Butt agus polaiteoirí eile a raibh baint acu lena shaoradh fáilte roimhe. Faoin am sin ní raibh aon duine dá ghaolta i Sasana agus chaith sé an Nollaig i Chelsea le gréasaí arbh Fhínín é. B'ionann an tsaoirse seo aige, dúirt sé, agus siúl amach faoin ngrian tar éis tamaill fhada sna mianaigh.

20 Rugadh Maud Gonne MacBride, 1866. An Fínín Seán Ó Laoghaire a chuir W.B. Yeats in aithne di agus b'in í an aithne nach raibh aon rath uirthi: dhiúltódh sí ar ball é. Art Ó Gríofa a chuir in aithne í dá fear céile an Maor Seán Mac Giolla Bhríde. Ach theip ar an bpósadh sin. Is léir gur beag is fiú tírghrá ná cumas polaitiúil nuair is cúrsaí cleamhnais a réiteach atá i gceist.

Cé na Banríona – taobh an Dúin den Lagán

21 Rugadh Bunting, 1773. A óige a bhí daoine ag dul i mbun an tsaoil an tráth sin! Aon bhliain déag a bhí Edward Bunting nuair a thosaigh sé ag tuilleamh a bheatha mar orgánaí. Ní raibh aige ach 19 mbliana nuair a ghlac sé páirt thábhachtach i bhFéile na gCláirseoirí i mBéal Feirste agus 24 nuair a d'fhoilsigh sé *A General Collection of Ancient Irish Music.*

22 Oscailt Choláiste na nGael sa Róimh, 1627. Ba é an Proinsiasach Lúcás Wadding faoi deara a bhunú nuair a thug ar an gCairdinéal Ludovisi, 'Cosantóir na nGael' agus nia an Phápa Gréagóir XV, míle *scudi* sa bhliain chomh maith le dea-theach agus fíonghort i gCastel Gandolfo a fhágáil le huacht faoina choinne.

23 Foilsiú *An Grá agus an Ghruaim*, 1929. Ba é tuairim Néill Uí Dhónaill gurbh é an gearrscéal 'Creach Choinn Uí Dhónaill' a rinne leabhar mór de. Shíl Donn Piatt gurbh é sin an scéal ab fhearr sa Nua-Ghaeilge.

24 Bás Master McGrath, 1871. Seachas Bran agus Sceolaing sna scéalta Fiannaíochta ní móide go raibh riamh in Éirinn cú ab fhearr cáil agus clú. Trí mhíle taobh thiar thuaidh de Dhún Garbhán tá dealbh de le feiceáil. Agus má tá amhráin go leor i dtaobh gadhar, an bhfuil aon cheann díobh chomh mór i mbéal an phobail leis an gceann faoin gcaoi ar bhain an Master Corn Waterloo? Ag Lóiste Choilligeáin a rugadh é in 1866. Tugadh le tógáil é d'fheirmeoir sa chomharsanacht. Bhí buachaill aimsire dar sloinne Mac Craith aige agus is mar sin a fuair an cú a ainm. B'éigean an 'Master' úd a chur leis toisc Master Ferdinand agus Master McFadden a bheith ar a dheartháireacha. Gan amhras is sloinne cáiliúil Mac Craith sna Déise. Craithigh a thóg an caisleán agus Prióireacht na nAgaistíneach i nDún na Mainistreach. Cú beag dubh agus brollach bán air ba ea an Master. Buadh go dona air sa chéad rás ar ghlac sé páirt ann toisc, b'fhéidir, go raibh sé róbheathaithe. D'ordaigh an t-úinéir é a bhá. Ach thaitin a dhealramh leis an traenálaí agus tar éis beagán oibre chuir sé isteach ar Chorn na gCuairteoirí é ar an Lorgain. Bhain sé an rás sin agus cuireadh ag rith é i rás Chorn Waterloo in 1868. Bhain sé an rás sin arís in 1869 agus murach timpiste bhainfeadh arís é in 1870. D'éag sé go luath tar éis é a bhaint den tríú huair in 1871. Lastaí tinte cnámh ar chnoic ar fud na hÉireann ar na hócáidí sin, ní toisc gur ghadhar Éireannach é ach toisc gur ghadhar tírghrách é. '*Well I know*', *says McGrath*, '*we have wild heather bogs / But you'll find in old Ireland there are good men and dogs / Lead on, bold Britannia, give none of your jaw / Stuff that up your nostrils*', *says Master McGrath*.

25 Dinnéar na Nollag, 1891. Bíonn cialla ar leibhéil dhifriúla le baint as píosa ardlitríochta. In *A Portrait of the Artist* téann Stephen lena athair agus Mr Casey ag spaisteoireacht timpeall Cheann Bhré. I ndiaidh an t-ózón a ghlacadh tá an dinnéar réidh rompu ag 1 Ardán Martello. Is é an chéad Lá Nollag ag Stephen é a bheith ina shuí ag an mbord leis na daoine fásta. Tá morc mór tine sa seomra agus ólann na fir uisce beatha as an gcrúsca crua-

chré. Cuireann Stephen suntas sa chrann solais a bhfuil eidhneán casta timpeall a chraobhacha. Tugtar an turcaí ramhar isteach. Timpeall an bhoird tá athair Stephen, a mháthair, Bean Uí Ríordáin, searbhán de mháistreás tí, Mr Casey a chaith tamall i bpríosún ar son na hÉireann, agus Uncail Charles. Tá cuma shocair shíochánta ar an gcomhthionól beag seo. Ach ar éigean an béile tosaithe nuair a bhriseann argóint fhíochmhar amach i dtaobh Parnell agus mar a chaith sagairt leis. Déanann Bean Daedalus iarracht stop a chur leis ach is i ngéire a théann sé. Tá béile mór an lae bheannaithe loite orthu go léir. An bhfuil namhaid ag an ngoile níos measa ná paisean na hargóinte? Is cinnte nach raibh i gceist ag Joyce aon teagasc ar leith a thabhairt. Ach glacadh fir agus mná mar cheacht as an eachtra gan a bheith faillíoch ná crosta Lá Nollag. Ná bíodh mórfhadhbanna marthanacha na hÉireann á bplé acu. Is seacht measa spairn um Nollaig ná ag am ar bith eile!

26 Bás James Stephens, 1950. Shílfeá gurbh amhlaidh a roghnaigh sé Lá Fhéile Stiofáin chun bás a fháil! Is minic a thógtar James Stephens, Fínín, in amhlachas an fhile agus úrscéalaí seo. Ach d'fhéadfaí a rá gurbh fhear litríochta freisin an Fínín : ba é a d'aistrigh *Martin Chuzzlewit* Dickens go Fraincis.

27 'Colin Clout come home again', 1591. Is measa a ghoilleann an deoraíocht ar dhuine timpeall na Nollag ná ag tráthanna eile. Ní raibh Edmund Spenser sona in Éirinn. Pobal ba ea na Gaeil, dar leis, nárbh fhéidir aon chearta a ghéilleadh dóibh. Bhí Caisleán Chill Cholmáin aige agus 3000 acra ar chíos a bhí níos lú ná £9. D'fhéadfadh sé luí isteach ar mhórshaothar eile chun scaipeadh a chur ar an míshástacht. Ach bhíodh sé gruama faoi go dteipeadh air i gcúrsaí grá. Agus bhíodh sé ag bruíon lena chomharsa i Mainistir Fhear Maí, an Tiarna de Róiste. An rud is mó a mbaineadh sé sásamh as go dtagadh Sir Walter Raleigh ar cuairt chuige ó Eochaill. Bhí *The Fairie Queene* léite aige sin agus bhí ardmheas aige air. Mhol sé do Spenser cuairt a thabhairt ar an mBanríon Eilís. Ceart go leor, cuireadh fáilte roimhe sa chúirt ríoga agus d'fhan sé píosa fada ann. Ach níor tugadh dó an rud is mó a bhí uaidh, post i Sasana. Tugadh pinsean dó ach níor shíl sé gur leor £50 sa bhliain. B'éigean dó filleadh ar Chill Cholmáin. Thosaigh sé láithreach ar 'Colin Clout come home again' a scríobh, cuntas fáthchiallach ar chuairt Raleigh, ar an turas go Sasana, ar shaol na cúirte. Éiríonn sé searbhasach ann i dtaobh a bhfaca sé d'uisce faoi thalamh sa chúirt. Chuir sé an dán chuig Raleigh cothrom an lae seo. Dá bhféadfadh sé féachaint roimhe ba mhó fós a dhíomá mar d'fheicfeadh sé go raibh i ndán dá shliocht go ruaigfí siar go Connachta iad le linn Chromail.

28 Bás Alexander Arthurovitch Row, 1973. Chuaigh a athair, Arthur Row ó Loch Garman, chun na Rúise i 1904 agus phós bean ón nGréig ann. Bhain Alexander cáil idirnáisiúnta amach lena scannáin do pháistí. Ag Féile na Veinéise sa bhliain 1965 bronnadh an chéad duais air. Bíonn trácht go háirithe ar a scannán *Morozko*.

29 Foilsiú *A Portrait of the Artist as a Young Man*, 1916. Ní gnách leabhair a fhoilsiú díreach i ndiaidh na Nollag. Ach mar gheall ar chogadh agus ar chinsireacht clódóirí bhain deacracht le foilsiú an leabhair seo de chuid Joyce. Ar deireadh shocraigh B.W. Huebsch i Meiriceá go bhfoilseoidís é. Duine piseogach ba ea Joyce agus shíl sé gur bhain an t-ádh go speisialta leis an mbliain 1916 agus is mar ghar dó a tugadh an leabhar amach roimh dheireadh na bliana sin.

Abhainn Ghleann Rí, an tIúr

30 Bás Nicholas Taaffe, 1769. Cén t-uasal 'Éireannach' a throid in arm na Gearmáine sa Chéad Chogadh Mór? Heinrich Taaffe, Tiarna Chairlinn. Ach cé go raibh sé ar rolla na dtiarnaí Éireannacha ní dóigh go bhfaca sé Cairlinn riamh ná an Lú féin. Ostarach ba ea é agus i ndiaidh an chogaidh scriosadh a ainm, le teann páistiúlachta, as an rolla sin. Faoin am sin bhí muintir Taaffe i seirbhís na hOstaire le 200 bliain. An chéad Taaffe a raibh clú air throid sé in aghaidh na nGael i gcath Chionn tSáile. Bhí an dara bíocunta i gceannas i gcath Chnoc na nOs i gcoinne Mhurchadh na nDóiteán agus bhí a shliochtsan ag troid ar son Rí Séamas. Ar an gcuma sin a tharla ar deoraíocht iad. D'éirigh le triúr den teaghlach a bheith ina marascail agus bhí Eduard Graf von Taafe ina Phríomh-Aire ar an Ostair i ndeireadh an 19ú haois. Chomh fada is a bhaineann le scéal na hÉireann, ba é Nioclás Taaffe an duine ba cháiliúla ar fad sa teaghlach. Agus ba é an tÉireannach deireanach díobh é. I gcath Kolin bhí sé i gceannas ar

mharcshlua na hOstaire, cé go raibh sé 80 bliain d'aois. Ní raibh ann ach óganach aimsir Chonradh Luimnigh ach bhíodh sé i gcónaí ag cuimhneamh siar ar a dhúchas. Sa bhliain 1766 agus é 90 bliain d'aois scríobh sé *Observations on affairs in Ireland from 1691 to the present time.* Ach is i ngeall ar rud eile ar fad a mhaireann a ainm san Ostair. Ba é ba thúisce a thug ar na feirmeoirí ansiúd prátaí a chur. Sin Éireannachas duit!

31 Léas ar Ghrúdlann Gheata San Séam, 1759. Cá bhfios nár cheap Art Mac Aonghusa ach go mbeadh an t-ádh ar an bhfiontar seo ach an léas a shíniú Oíche Chaille. Bhí a athair ag obair d'ardeaspag Chaisil, Art Praghas. Bhí talamh ag an easpag seo i Léim an Bhradáin agus d'fhág sé £100 le huacht ag Art. Is dóigh gurbh as an eaglaiseach sin a ainmníodh an buachaill mar ba é a leanbh baistí é. Is leis an £100 sin a chuir an fear óg grúdlann ar bun i Léim an Bhradáin. Bhí na céadta díobh in Éirinn na linne sin. Nuair a bhí sé 31 bhliain d'aois thug sé an gnó sin dá dhearthair óg agus d'fhéach le fortún a ghnóthú i mBaile Átha Cliath. Fuair sé léas 9000 bliain ar £45 in aghaidh na bliana ar ghrúdlann bheag bhocht a bhí ag Geata San Séam. Ní gá a rá gur éirigh thar cionn leis. Bhí grúdlann Mhic Aonghusa tamall ar an gceann ba mhó ar domhan. Chabhraigh socrú áirithe amháin go mór le hArt, gur ghlac sé le beoir dhúdhonn de rogha ar bheoir thraidisiúnta Bhaile Átha Cliath. B'in é an cineál dorcha a dtugtaí pórtar air. Tuairim 1770 bhí dúil ar leith ag póirtéirí in Covent Garden agus in Billingsgate i Londain sa deoch seo a dhéantaí de bhraich agus de bhraich rósta agus is ar an gcuma sin a fuair sé a ainm. Buntáiste a bhain leis gurbh fhéidir é a choimeád i bhfad níos faide. Mhéadaigh ar an gceangal le hÉirinn ar 18 Lúnasa 1862 nuair a ghlac grúdlann Mhic Aonghusa le cláirseach Bhriain Bóramha mar thrádmharc.

INNÉACS